# 别输在不懂幽默上

刘建华　编著

中国出版集团　现代出版社

图书在版编目（CIP）数据

别输在不懂幽默上 / 刘建华编著 . -- 北京：现代
出版社，2019.1
ISBN 978-7-5143-7241-0

Ⅰ.①别… Ⅱ.①刘… Ⅲ.①幽默（美学）—语言艺术
—通俗读物 Ⅳ.① H019-49

中国版本图书馆 CIP 数据核字（2018）第 157120 号

**别输在不懂幽默上**

作　　者　刘建华
责任编辑　杨学庆
出版发行　现代出版社
通讯地址　北京市安定门外安华里 504 号
邮政编码　100011
电　　话　010-64267325　64245264（传真）
网　　址　www.1980xd.com
电子邮箱　xiandai@vip.sina.com
印　　刷　北京兴星伟业印刷有限公司
开　　本　880mm×1230mm　1/32
印　　张　5
版　　次　2019 年 1 月第 1 版　2022 年 1 月第 2 次印刷
书　　号　ISBN 978-7-5143-7241-0
定　　价　39.80 元

# 前　言

　　我们都知道，幽默是智慧的一种表现，但并不是每个人都拥有它。一个人只有具有审时度势的能力、广博的知识，才能做到谈资丰富、妙言成趣；一个心胸狭隘、思想消极的人是不会幽默的，幽默属于那些心宽气平、对生活充满热情的人。除了以上两点之外，还需要提高观察力和想象力，运用联想和比喻，要有意识地训练自己对事物的快速应变能力和分析能力；多参加社会交往，多接触有幽默感的人，这种影响产生于无形的潜移默化中，使你在增强幽默感的同时扩大交际面，增强社交能力。因此，任何一个人想要成为一个幽默高手，首先要做的就是先幽默你的心灵。

　　现实生活中的每个人，在与人交往的时候，都渴望与那些具备"神秘力量"的人交往，因为他们能给我们带来精神上的愉悦。这种吸引人的"神秘力量"究竟是什么？没错，就是幽默！可以说，使人发笑是一种伟大的力量，它的力量有多大，我们并没有办法测量，但不可否认的是，谁都喜欢亲近让人感觉快乐的人，他们帮我们暂时放下了肩上的担子与心头的挂虑，让我们得以轻松片刻。幽默使人会心一笑，使人开怀，我们生活的周围，就是有人有这样的魔力，一开口，便能获取大众的笑容。可能很多人认为，幽默便只是说说笑话而已，实际上，幽默能成为一种魅力，它绝非只是说说笑话这样容易的事。真正的幽默绝不是滑稽逗乐，也不是哗众取宠，更不是低级趣味。我国著名作家老舍说过：嬉皮笑脸并非幽默。幽默是一种优美的、健康的品质。

如果你想塑造一种个人魅力，无论你是男是女、是老是少，也无论你是美是丑、是机灵或是木讷，唯一不会失误的秘方只有一个，那就是幽默。在有限的时间和空间之内，哪怕是初次见面的一次晚餐上，幽默都能让你一展才华，口生莲花，令人耳目一新，乐不可支，印象深刻。一段精彩的幽默对话，有时会让人一辈子不忘，你的形象和你的故事会一起被新朋友长久地储存在记忆深处。

幽默感并不是每个人都天生具备的，但确实是一种有效的武器。它可以调节紧张的气氛，让生活在你周围的人心情舒畅。但要记住很重要的一点，只有真正懂得幽默的真谛，才能使风趣上升到幽默。如果一直本着逗乐的原则来取悦他人，那只能算是哗众取宠，不能算真正的幽默。而且有些低俗的情调会模糊人们的判断能力，时间长了会歪曲人们对某些事物正确的看法。情调高雅的幽默总是于诙谐的言语中蕴含着真理，体现着一种真、善、美的艺术美。

# 目　录

*Chapter 1*

第一章

# 随心所欲的幽默人生

　　幽默是一种修养，一种文化，一种艺术，一种润滑剂，一种兴奋剂，日常生活需要幽默。

　　幽默感不是天生的，它是随着人们阅历和知识的不断丰富以及对生活的不断认识而形成的。幽默作为一种能力，像其他技巧一样，可通过后天的努力而获得。

# 幽默的自画像

幽默到底是什么？是欢笑、娱乐、快感？是荒诞、滑稽、讽刺、诙谐、揶揄、嘲弄、戏谑？是不协调、不一致、双关、比喻、夸张、格言、警句？是"预期之逆反应"？是"心理期待的扑空"？这些都与幽默有关，都能在一定的条件下引发幽默感，但它们又都不能等同于幽默。那么幽默的本质和特点是什么呢？这个问题难倒了古往今来许多大哲学家和思想家。无怪有人说，幽默像百慕大三角区那样神秘，像达·芬奇笔下蒙娜丽莎的笑容那样微妙，像数学领域中哥德巴赫的猜想那样深奥。虽然说对幽默的认识"有多少人，就有多少意见"，但大体说来，各家幽默理论虽都不能完全精确地概括幽默的本质和特性，却大都能反映幽默的一部分合理的属性或特点。尽管林语堂曾经警告说："太庄重地介绍幽默，有点儿近于不知趣。"但我们还是冒着不知趣的危险，来谈谈我们对幽默的认识。

要说明什么是幽默，最好用具体的例子。

美国总统林肯才能出众而相貌不佳。他的竞选对手攻击他是两面派。林肯反驳说："如果我还有另外一张面孔，我会带着这副模样来见大家吗？"林肯以一个自嘲式的幽默赢得了选民的信任和好感，取得了竞选的胜利。

　　难怪有人认为："男人情愿承认犯了罪，装了假牙，戴了假发，也不愿意承认自己缺乏幽默感。"甚至有人认为："对于一个有幽默感和两条腿的人来说，如果不能两全，最好是失去一条腿。"话虽夸张，但可见幽默在文明社会中已经成为人们精神生活的一个重要方面。越来越多的人在谈论幽默和探讨幽默，使用幽默，感受幽默。

# 运用幽默的至高技艺

运用幽默的至高技艺要求我们保持冷静的头脑，临场应变，从容镇定、不慌不忙。如此才能妙语惊人，产生具有生命力的幽默。事事都求"自然成文"为好，幽默也是如此。有准备的幽默当然能应付一些场合，但难免有人工斧凿之嫌；临场发挥的幽默才更为技巧，更见风致。

1935 年，在巴黎大学的博士论文答辩会上，法国主考人向陆侃如先生提了一个奇怪的问题："《孔雀东南飞》这首诗里，为什么不说'孔雀西北飞'？"

陆侃如应声答道："西北有高楼。"

他巧妙地利用《古诗十九首》里的句子"西北有高楼，上与浮云齐"作为孔雀东南飞的理由。面对这样刁钻的问题都能机智回答，其才智当然令人惊叹。

俄国学者罗蒙诺索夫生活简朴，不大讲究穿着。有一次，有位衣冠楚楚但又不学无术的德国人，看到他衣袖肘部有一个破洞，便指着那里挖苦道："在这衣服的破洞里，我看到了你的博学。"

罗蒙诺索夫毫不客气地回敬："先生，从这里我却看到了另一个人的愚蠢。"

德国人借衣服破洞小题大做，贬损别人，反映了他的无知和恶劣的品质。罗蒙诺索夫抓住这点，机敏地选择了与博学相对的词语"愚蠢"，准确地回敬了对方，使其自食其果。

苏联诗人马雅可夫斯基正在主席台上讲话，一位矮胖子挤到主席台上，怀着敌意说："我应当提醒你，马雅可夫斯基同志，拿破仑有一句名言：从伟大到可笑，只有一步之差……"

马雅可夫斯基见对方如此蛮横无理，马上接过对方的话来回敬道："不错，从伟大到可笑，只有一步之差。"边说边用手指了指自己和那个人。

这里，完全是搬用对方的原话进行反击，但其反击的艺术和胆略，就等于把进攻者的长矛顺手拈来，然后倒戈一击，使对方防不胜防。

临场发挥是一种技巧，更是一种心智，它需要我们有冷静的头脑，保持从容镇定，不慌不忙。在各种晚会、文艺演出中，许多主持人、演员临场应变，妙语惊人，给晚会欢乐气氛推波助澜，也赢得了观众的掌声和喜爱。

巴基斯坦著名主持人穆哈米主持了一场晚会，这场晚会并没有其他节目，只是穆哈米和协助他主持晚会的几个文艺界著名人士在台上进行幽默机智的问答，而台下的观众始终兴致盎然，笑声、喝彩声不断，气氛十分热烈。下面我们看看穆哈米与著名影星雷利的一段对答。

鬓发斑白的影坛老将雷利拄着拐杖步履蹒跚地走上台来，很艰难地在台上就座。看到这样一位老人，人们很自然地为他的身体担心。所以穆哈米开口问道：

"你还经常去看医生？"

"是的，常去看。"

"为什么？"

"因为病人必须常去看医生，这样医生才能活下去。"

此时台下爆发出热烈的掌声，人们为老人的乐观精神和机智语言喝彩。

穆哈米接着问："你常去药店买药吗？"

"是的，常去。这是因为药店老板也得活下去。"

台下又一阵掌声。

"你常吃药吗？"

"不。我常把药扔掉，因为我也要活下去。"

穆哈米转而问另一个问题："嫂子最近好吗？"

"啊，还是那一个，没换。"

台下大笑。

主持人与演员的对答几乎句句"带彩"，在这样热烈活泼的气氛中，观众是不会疲倦的。

临场幽默贵在及时发现并抓住"触媒"，由此巧妙联想，得体发挥。

有一位节目主持人机智幽默，在关键时刻能临场发挥。一个演员唱乐亭大鼓，鼓板没打几下，那鼓"砰"然落地，观众哗然。主持人利用演员弯腰捡鼓的机会亲切地对观众说：

"诸位，今儿个节目是临时加的，这位演员没来得及带自己的鼓，用的是别人的鼓，看来这鼓有点儿认生。"

又一次，一位杂技演员表演《踩蛋》时，不小心脚下鸡蛋被踩坏了一个，观众全然看见；演员很不好意思地又换了一个鸡蛋，主持人忙打圆场：

"为了增加艺术效果，证实鸡蛋是真的，所以演员故意踩碎了一个给大家看看。"

不巧的是，他话音刚落，演员脚下又一个鸡蛋被踩碎了。观众马上转向主持人：这回看你怎么说。只见主持人无可奈何地叹了口气，说：

"唉，社会上的伪劣产品屡禁不绝，看来不抓不行了——连母鸡都生产劣质产品！"

# 运用愉悦欢快的心境

幽默是一种修养，一种文化，一种艺术，一种润滑剂，一种兴奋剂，日常生活需要幽默。

在现实生活中，很多人习惯于让一些微不足道的小事造成不愉快的心境，心绪烦躁，往往又不自觉地去反思、去自责，于是心理失去平衡，或闷闷不乐，或郁郁寡欢，或牢骚满腹，或大发雷霆。以这种焦躁情绪待人处世，生活氛围将被弄得更糟，从而产生一种恶性的情绪循环。

其实，只要拥有幽默品质，就不会这样，生活将充满温馨的阳光。面对喝剩下的半瓶酒，悲观者会说："半瓶完了。"而乐观者则会说："还有半瓶。"

幽默的人在满足中获得前进的动力，绝不在抱怨中消弭自己的进取心。有幽默品质的人善于拨动笑的神经，笑天下可笑之人，容世间难容之事。

德国空军将领乌戴特将军患有谢顶之疾。在一次宴会上，一位年轻的士兵不慎将酒洒到了将军头上，全场顿时鸦雀无声，士兵也悚然而立，不知所措。倒是这位将军打破了僵局，他拍着士兵的肩膀说："兄弟，你以为这种治疗会有作用吗？"

全场顿时爆发出了笑声。人们紧绷的心弦松弛下来，将军也因他的大度和幽默而显得更加可亲可敬。

美国有一位传奇式的教练，名叫佩迈尔。他带领的篮球队曾获得 39 次国内比赛冠军。他的球队在蝉联 29 次冠军后，遭到空前惨败。比赛一结束，记者们蜂拥而至，把他围个水泄不通，问他这位败军之将有何感想。他微笑着、不无幽默地说：

"好极了，现在我们可以轻装上阵，全力以赴地争夺冠军，背上再也没有冠军的包袱了。"

佩迈尔面对失败，没有灰心，将哀声化为笑声，将笑声化为力量，这是多么令人钦羡的人生境界啊！

幽默的形式主要在于我们的情绪，而不在于理智。幽默总是给生活注入润滑剂。

一位顾客到饭馆去吃饭，米饭中沙子很多，他把它们吐出来——放在桌上。服务员见此情景很是不安，抱歉地说：

"净是沙子吗？"

那位顾客摇摇头微笑着说："不，也有米饭。"

面对令人憋气之事，这位先生用了一句曲折、幽默的话化解，既纠正了服务员说话过歉的事实本身，同时也解除了服务员的尴尬形态。

常常露出幽默的笑脸，可以显示出你是一个气量宽宏，对于自己的事业、才学很有把握的人。反之，唯有那些常存嫉妒之念、气量窄小、不学无术的人，才会整天板起面孔，用"威相"吓人。

交响乐团在排练斯特拉文斯基的《春天的典礼》的最后一章，指挥向大家讲述他对音乐各部分的理解，他这样说：

"柔和优美的圆号象征着奔逃的农家少女，而响亮的长号和小号则代表着追逐的野人。"

当他举起指挥棒让音乐继续时，从圆号区飞过来一句，"大师，您不介意我们把某一部分演奏得快一点吧！"

一句轻松的调侃消除了排练的紧张与辛苦，令彼此之间盈溢笑声，其乐无穷！

# 运用笑的智慧与技巧

运用笑的智慧与技巧是因为知识是幽默的沃土，幽默是知识的产物。广博的见闻使得幽默得心应手，左右逢源。

幽默感不是天生的，它是随着人们阅历和知识的不断丰富以及对生活的不断认识而形成的。幽默作为一种能力，像其他技巧一样，可通过后天的努力而获得。

自信、宽容、豁达、乐观的心理素质使你的生活永远充满情趣和生机。因为，具有这种品质的人能正视现实，笑对人生，勇于战胜困难，从而取得胜利。

幽默永远属于热心肠，属于生活的强者。

有人曾问萧伯纳，如何区分乐观主义者和悲观主义者。萧伯纳说："看到玫瑰，乐观者说'刺里有花'，悲观者说'花里有刺'。"

萧伯纳的卓见对我们认识幽默并不是没有启示的。生活中只有乐观主义者才有幽默感。

幽默大师侯宝林是对待死亡威胁的可敬典范。他在患胃癌期间，还替别人操心。著名漫画家方成先生到病房去看他。他让大夫给方成看牙，说：

"你给他看看吧，镶好一点儿的。这么大个名人，不能让他当'无耻（齿）之徒'。"

　　美国哲学家乔治·桑塔亚那选定4月的某天结束他在哈佛大学的教学生涯。是日，桑塔亚那在礼堂讲最后一课，快结束的时候，一只美丽的知更鸟停在窗台上，不停地欢叫着，他出神地打量着小鸟。

　　许久，他转向听众，轻轻地说："对不起，诸位，失陪了。我与春天有一个约会。"讲完便急步走了。

　　这句美好的结束语，具有相当的幽默感，充满了诗一样的美。不热爱生活的人，无论如何也说不出这种富于哲理的幽默语言的。

　　丰富的知识、广博的见闻使幽默得心应手，左右逢源。因为知识是幽默的沃土，幽默是知识的产物。想成为一位幽默家，必须对古今中外、天南地北、历史典故、风土人情都有所了解，必须对天文地理、声光电化、文史哲经、名人逸事、影星趣闻都有所关注。"世事洞明皆学问，人情练达即文章。"只有多读书，多积累知识，扩大知识面，懂得并能熟练地按技巧操作，才能登堂入室，修成正果。

　　苏联诗人马雅可夫斯基演讲完毕后，一位不怀好意者对他进行诘难："马雅可夫斯基，你的诗不能使人沸腾，不能使人燃烧，不能感染人。"

　　诗人回敬道："我的诗不是大海，不是火炉，不是鼠疫。"

　　众人听罢掌声如雷，而诘难者瞠目结舌。

　　一对总是吵闹不休的夫妻应该暂停下来，彼此以宽厚的幽默态度处之；一个情绪低落的人也应试着抛开那些烦恼，努力去想一些令人开心的事情……人们常常都会有这样的感觉：当你在千丝万缕的纠缠中被搞得束手无策时，突然的一笑就可以使你获得解脱！

其实，幽默并非只为某些人所独有，幽默可以走入任何一个人的生活。因为它是一种技能，这种技能是可以通过勤学苦练而获得的。

丈夫对妻子说："从明天开始，我决心重新做人，再也不喝酒了。"

第二天晚上，他依然是喝得醉醺醺地回家。

妻子说："我以为你要重新做人，就再也不喝酒了。"

丈夫答道："唉！没想到我重做的这个人还是这么喜欢杯中之物。"

一位先生发现擦鞋的儿童把他的皮鞋擦得一塌糊涂，不由得勃然大怒："这不行！你得从头擦起，否则别想要工钱！"

擦鞋的儿童站起来，惊恐地说："我恐怕不够高，先生。"

幽默是智慧的体现。许多聪明人苦于缺少幽默感，归根到结是他们缺少幽默的智慧，缺少智慧的技巧。美国著名心理学家哈维·闵德斯在《笑与解放》一书中指出：

"人人都可以成为笑的创造者，都可以把幽默感当作一种主动有效的才能，应用在生活的各个方面。"

## 运用充满活力的幽默

拥有充满活力的幽默力量并能加以利用的人，永远会充满活力，会有非凡的能力来向工作和生活中的各种困难挑战。

拥有幽默力量并能加以利用的人，他的生活将会是多面性的。他好像有用不完的能力。

富兰克林的幽默力量活生生存留在《穷理查德历书》一书中。书中收集了许多简短的格言。

本杰明·富兰克林在日常生活上给人忠告，诸如早睡早起，省吃俭用等，但是也有如现代的妙语的一些精简句子：

鱼和客人在三天之后其味不散。

上帝治好病人，收钱的却是医生。

无所盼望的人有福了，因为他们必不失望。

富兰克林以无穷的活力发挥幽默力量的作用。他成功了，是作家、印刷业者、出版家、编辑、科学家、发明家、将军、政治家、外交家、大使及哲学家。

可是富兰克林的岳母却唯恐他养不起她的女儿。他开了一家印刷店，当时美国已有两家，他的岳母担心这个国家不需要第三家。

她其实该运用一下幽默力量，这样可以消除忧虑、松弛紧张、缓解疲劳。有了幽默力量的人很快就会发现他可以做得更多、更有效果。

朱利安·L.柯立芝是哈佛大学资深的物理教授。他上课时，有摆弄怀表的习惯。

有一次，他在为学生讲解一道习题的同时，又习惯性地摆弄起他的怀表来；可这次情况很糟，那表链不知何故竟一下子断了，怀表"叮当"一声落到地上。

柯立芝先是一愣，但很快又恢复了常态。他用浓重的波士顿口音对全体学生说道：

"请各位注意，这是重物直线坠落的一个实例。"

中国近代书画的一代宗师张大千，才智过人，蜚声国内外。因为他留有一把大胡子，还闹出一个笑话。

在一次吃饭时，一位朋友以他的长胡子为理由，连连不断地开玩笑，甚至消遣他。可是，张大千却不烦不恼、不慌不忙地说：

我也奉献诸位一个有关胡子的故事。刘备在关羽、张飞两弟亡故后，特意兴师伐吴为弟报仇。关羽之子关兴与张飞之子张苞复仇心切，争做先锋。为公平起见，刘备说：

"你们分别讲述父亲的战功，谁讲得多，谁就当先锋。"

张苞抢先发话："先父喝断长坂桥，夜战马超，智取瓦口，义释严颜。"

关兴口吃，但也不甘落后，说："先父须长数尺，献帝当面称为美髯公，所以先锋一职理当归我。"

这时关公立于云端，听完禁不住大骂道："不孝子！为父当年斩颜良、诛文丑、过五关、斩六将、单刀赴会，这些光荣的战绩你都不讲，光讲你老子的一把胡子又有何用？"

听完张大千讲的这个故事，众人哑口，从此再也不提胡子的事了。

我们再把历史往前推到美国发明大王爱迪生的时代。爱迪生是一个科学家、发明家、商人。感谢爱迪生，由于他的发明我们才能有现代的电灯设备、照相机、复印机和电影——这些还只是他充沛的活力贡献给人类的一小部分而已。

更重要的是，爱迪生是一个幽默家兼创造家。他的幽默力量给了他许多活力去完成伟大的成就——因为他能做趣味的思想，并轻松地看自己。下面只是其中一例：

爱迪生小的时候当过小贩，在火车上兜售糖果、点心和报纸。有一次火车上的管理员不耐烦地扯了他的耳朵——这就是他后来耳聋的原因。但是爱迪生对自己的缺陷轻松视之。他以幽默的态度说耳聋使他杜绝外界无聊的谈话，使他能更专心。

而且他还对成功的途径做趣味的思想，他说："在等待的时候仍然努力工作的人，一切都会降临到他身上。"

当你做趣味的思想，并且轻松面对自己时，就能以幽默力量战胜困难。

美国休斯敦市有一位百万富翁，他把全城单身汉召集到家里，当众宣布愿意将女儿嫁给他们中间任何一个人，并以自己的一半财产做嫁妆。单身汉们都眉开眼笑，但又不知道要具备什么条件。这时，百万富翁把他们带到自己的游泳池边。他打开放在游泳池边的大铁笼，将一只凶猛的狮子赶下水。然后对单身汉们说："谁最先游到池对面，谁就是我的女婿。"

所有单身汉都面面相觑。虽然他们都想得到富翁的女儿，但还不至于肯为此把命送掉。

突然——"扑通"一声，一个单身汉居然跳进水里，并发疯似的以惊人的速度游到对岸。眨眼工夫他就安全地上岸了！百万富翁愣了片刻，满肚子不高兴地走到他面前祝贺："小伙子，你真棒！我想你一定很需要我女儿。"

"不！"这位单身汉气急败坏地吼道，"我想知道是哪个狗崽子把我推下水的！"

# 运用笑声来代替批评

运用笑声来代替批评就是要求我们对工作上的失误，以建议的方式来代替批评，凭幽默力量处理微妙的事情，由此获得成功。

有的人在处理工作时，知道要做什么，却不知道从哪里开始。如果我们以尖刻的批评去说一位工作处理不好的同事，就会造成失败的局面。那位同事会失去他的自信心，而我们会失去他的信任，得不到成功的合作。但是，如果"以对方为中心"去了解他人，却可以打开沟通的渠道。

凭幽默力量来成功！以建议的方式来代替批评；对工作上出的问题，和你的同事一起笑吧。那么你和你的同事就都赢了。更甚于此的是，你的同事会因此觉得能自由自在地与你一同笑。

有一位经理对手下的职员说："我需要这进度报表的5份复印本，马上就要！"

这位职员按下复印机的按钮，立时，25份复印本马上就滚了出来。

"我不要25份。"经理大声说。

于是这位职员笑着说："对不起，但是你已经得到了那么多！"

然后他俩爆出一阵笑声，笑那复印机没有人性。

这位职员以轻松的反应来舒解紧张的气氛，并且赢得上司接纳了她在严肃与趣味之间巧取的平衡。

当然,她的上司也赢了。他以更为轻松的心情,了解到自己忽视了一个与其他部门做更好沟通的机会。多出来的 20 份复印本,可以用来帮助其他的部门经理了解他这个部门在做些什么。

当问题发生在公司与客户之间的关系上时,幽默也能发挥出双方共赢的作用。

客户的过期账单堆得愈来愈高时,通常就成了亟待解决的问题。这个客户如果是老客户,又是大客户,这问题多半由上面——公司老板亲自处理。

"你知道,艾迪,我们很感谢你与我们的交易,"老板可能会在约客户午餐或是晚餐时这样说,"但是你的账目到现在已经过期 10 个月了。可以说,我们照顾你已经比你母亲照顾你还要久了。"

问题可能就此解决,感谢这位老板能对问题做趣味的解释。

在商场上,可以细腻地运用幽默力量来处理微妙的事情。

对棘手的工作保持幽默的态度,能帮助我们避免错误,并防止失败。

为了把棘手的工作和问题适当表达出来,运用幽默力量吧!或许你可以说说这个故事:

有一个美国亚拉巴马州的农人生平第一次坐飞机,为了到华盛顿参加一项抗议。在飞机上,虽然他十分欣赏那雅洁的抽水马桶设备,但是他指着那上面的一句话说:

"这上面写着'在城市上空请勿冲洗',可见得一般人对美国农村是怎么想了。"

这位农人的幽默力量正表达出：站在别人的观点来看他们的问题。

"问题真棘手吗？想想它的光明面。"有一位经理建议以幽默方式来看日常生活中的苦差事，不要过分注重所谓的现实。

假如你自己处在下列几种情况，你会怎么办：

你是老板，公司业绩一直平平稳稳。平稳？其实是不动！于是你对属下这样说："你们可知道最近一次寄来订单是在两周前吗？那次是订两杯咖啡和一个圈圈饼。"

你是个推销经理，下面的推销员个个垂头丧气。如果你的牙痛，正好使你忘掉头痛，那么你会快乐一些。以稳赢的幽默力量来促进你的销售力。"每一个优秀推销员的敌人，是闲荡、喝酒和寅吃卯粮。各位先生，我要恭喜你们，因为你们已经学会了爱你的敌人！"

你正和爱挑剔的顾客打交道。爱挑剔？以幽默力量来刺激他们，必定赢得好结果。例如，他们挑剔的如果是价钱，你可以从这个小故事里得到一点儿启示：

在一个汽车展示场上，一对年轻夫妇对那辆小型汽车的价钱颇有微词。

"这相当于一辆大型汽车的价钱了。"这位丈夫抱怨道。

销售员说："如果你想要经济，就得付出代价。"

或许你说这些例子不适合你，因为你的工作不是销售货品。但是不论你从事何种行业，都会牵涉到刺激和问题。请用幽默来处理吧，你一定会赢！

我们来看看这位经理是如何运用幽默的：

"在公司里我是头。"一位公司经理对他的朋友说。

"这我相信，但在家里呢？"他的朋友问。

"在家里我当然也是头。"

"那么您太太呢？"

"她是脖子。"

"为什么？"

"头想动弹的话，将先服从于脖子。"

# 运用谈判的幽默力量

运用谈判的幽默力量就是在谈判中采用幽默姿态，可以缓和紧张形势，制造友好和谐的气氛，从而缩短双方的距离，淡化对立情绪。

应付各种各样的谈判都能稳操胜券的美国人荷伯·科恩认为："世界是一张巨大的谈判桌。"

这句话很有道理。我们每个人在社会生活中都不可避免地与别人接触。个人的，团体的，或为荣誉，或为金钱，或为地位，或为自由……这样，你就自觉或不自觉地成为谈判的参与者。在一般人心目中，谈判是很庄重与严肃的。其实，谈判中采用幽默姿态，可以缓和紧张形势，促成友好和谐的气氛，也就缩短了双方的心理距离，钝化了对立感。

因此，幽默能使你在谈判中左右逢源，常常在"山重水复疑无路"时变得"柳暗花明又一村"。因为，谈判时具有幽默心理能使你情绪良好、充满自信、思路清晰、判断准确。

美国沃思堡市亿万富翁巴斯兄弟被誉为谈判桌上的奇才。巴斯兄弟在 1981 年想买下即将破产的皮尔公司，但他们却对皮尔公司的董事会说：

"你们在其他地方或许能找到更好的买主！"并且还将他们可能

感兴趣的投标者的名字——告诉他们。最后巴斯兄弟说：

"如果你们没其他选择的话，就来找我们。"结果巴斯兄弟如愿以偿，这笔生意按他们的设想成交了。

巴斯兄弟的谈判技巧和水平是高超的。他们认为，做生意好比追求女性，如果你狂热地追求她，她会扬长而去；而当你后退时，她却会跟着你走。多么风趣而幽默的构思啊！

适度的幽默对建立良好的气氛有两大好处：让大家精神放松，进一步密切双边关系，这样就可以营造一个友好、轻松、诚挚、认真的合作氛围。对谈判双方来说，这些都是具有实质性意义的。

英国首相丘吉尔与法国总统戴高乐由于对叙利亚问题的意见分歧，心存芥蒂。直接原因是戴高乐宣布逮捕布瓦松总督，而此人正是丘吉尔颇为看重的人物。要解决这一件令双方都颇为棘手的事，只有依靠卓有实效的会晤了。

丘吉尔的法语讲得不是很好，但是，戴高乐的英语却讲得很漂亮。这一点，是当时戴高乐的随员们以及丘吉尔的大使达夫·库柏早就知道的。

这一天，丘吉尔是这样开场的，他先用法语说道："女士们先去逛市场，戴高乐及其他的先生跟我去花园聊天。"

然后他用足以让人听清的声音对达夫·库柏说了几句英语："我用法语对付得不错吧，是不是？既然戴高乐将军英语说得那么好，他完全可以理解我的法语的。"语音未落，戴高乐及众人哄堂大笑。

丘吉尔的这番幽默消除了紧张，建立了良好的会谈气氛，使谈判在和谐信任中进行。

最让人忍俊不禁的是丘吉尔与罗斯福的一次传奇性会谈。

第二次世界大战期间，武器紧张，丘吉尔来到华盛顿会晤罗斯福，请求军需物资方面的接济。

会谈在第二天进行。次日凌晨，丘吉尔正躺在浴盆里，抽着特大号雪茄，做沉思状。没想到，罗斯福突然推门进来。丘吉尔赤身裸体，大腹便便，大肚子还露出了水面。

两人相视都不禁一愣。丘吉尔却微微一笑，说道："总统先生，大英帝国首相在你面前可真是没有半点儿隐瞒哩！"

说罢，两人都不约而同地笑了起来。

这轻松的瞬间，让人忘却了战争，忘却了艰难，开始了真诚的合作。所以，这次谈判非常成功。

谈判时运用幽默手法可以使你巧解僵局，处处主动。世界第一位女大使柯伦泰曾被任命为苏联驻挪威全权贸易代表。

一次，她和挪威商人谈判购买挪威鲱鱼，挪威商人出价高得惊人，她的出价也低得让人意外。双方开始讨价还价，在激烈的争辩中，双方都试图削弱对方的信心，互不让步，谈判陷入僵局。最后柯伦泰笑笑说："好吧，我同意你们提出的价格。如果我们政府不批准这个价格，我愿意用自己的工资来支付差额。但是，这自然要分期支付，可能要支付一辈子了。"

挪威商人在这样一个谈判对手面前无计可施，只好同意将鲱鱼的价格降到柯伦泰认可的水准。幽默是智慧的宠儿，成功永远属于智慧的幽默者。

## 运用幽默来发展客户

运用幽默来发展客户，运用幽默技巧可以消除与顾客之间的紧张感，使整个交际过程轻松愉快，充满人情味，使产品推广走向成功。

说起推销，某位先生很自然地讲了这样一件事：

有一次，杰克独处家中，突然有人敲门；开门后，只见一个小伙子举着刀，在手中晃来晃去。杰克吓了一跳，忙问：

"你要干什么？"

小伙子说："你要刀吗？"

不用说，这位小伙子的推销是失败的。还有这么一件事：

在一次国际食品博览会上，尚未打开销路的茅台酒因包装跟不上国际先进水平，不引人注意。于是，参展人员将一瓶茅台酒摔碎在地上，浓郁醇厚的香气顿时引来了大批客户，终于使茅台酒扬名中外。这种"不是方法"的幽默是成功的。

作为一个成功的推销商，不仅要有丰富的知识、热忱的工作态度、良好的服务意识、非凡的勇气和韧性，还要有机智的幽默感。当然首先要有幽默的心态。

一名房地产经纪人领着一对夫妇向一栋新楼房走去，他将出卖一套房子给这对夫妇。一路上，他为了推销这套房子，一直喋喋不休地夸耀这栋房子和这个居民区。

"这是一片多么美好的地方啊，阳光明媚，空气洁净，鲜花和绿草遍地都是；这儿的居民从来不知道什么是疾病与死亡。"

就在这时，他们看见一户人家正在忙碌地搬家。这位经纪人马上说：

"你们看，这位可怜的人……他是这儿的医生，竟因为很久一段时间都无病人光顾，而不得不迁往别处开业谋生了！"

推销员乔治口才甚好，而且反应敏捷，善于随机应变。

一次，他正在推销他那些"折不断的"绘图T字尺："看哪，这些绘图T字尺多么牢固，任凭你怎么用都不会损坏。"

为了证明他所说的话很正确，乔治捏着一把绘图T字尺的两端使它弯曲起来。突然"啪"的一声，推销员乔治只能目瞪口呆地望着他手中那两截塑料断片了。但只过了一会儿，乔治又把它们高高地举了起来，对围观的人群大声说：

"女士们，先生们，这就是绘图T字尺内部的样子。"

这些推销员与其说是在谈推销，还不如说是在调侃推销。我们知道，对于推销者，一般顾客是冷漠相待的，有时推销员甚至还要忍受常人想象不到的轻蔑和侮辱。但如果每一位推销商都有这两位推销员开朗洒脱的心境，又何愁产品销路不畅呢？

其次要有幽默的表达。

推销大师皮卡尔说："交易的成功，是口才的产物。可以说，推销的实质就是说服。"由此可知语言表达的重要。

房地产经纪人对他的顾客说：

"诚实待客是我们公司的一贯宗旨。我们将向您介绍房子的所有优缺点。"

"那么，这幢房子缺点是什么呢？"

"哦，首先这幢房子的北面一公里的地方是一个养猪场，西面是一个污水处理厂，东面是个氨水厂，而南面则是个酱制品公司。"

"那么，它又有什么优点呢？"

"那就是，您随时都能判断当天的风向。"

推销的口才要风趣，要具有诱惑性。一些摊头小贩深谙此道，如：

"站一站，看一看，原价十块六，现价四块三，一次性特价处理，不买后悔八年。"

"羊肉烧卖，馅大皮薄，热手烫人，一咬一包油，满嘴香呢……"

"如意，如意，保您如意，买个如意，连升三级。"

这些推销语言，说起来顺口，听起来顺耳，很能吸引顾客。另外，要有幽默的技巧。巧妙地展示自己的商品也是很重要的，顾客能从你的展示中知道商品的作用与功能。

有一位推销员到一家工厂去推销沙子，但遭到拒绝，原因是该厂现已从别处联系到。这位推销员回去后装了两袋样品：一袋是该厂现已联系到的沙子，一袋是他准备推销的沙；然后带着样品再次来到该厂。

进办公室时，他故意跌倒，使两袋样品都撒落出来，然后，他指着尘土飞扬的那袋样品说：

"这就是你们已联系到的沙子；再看看我们的，沙子纯净多了，价钱又一样，可质量显然不同！"于是，这家工厂终于与他签订了购销合同。

推销商品是一件艰辛的工作，每一个成功的推销商除了绝对的自信外，还需有其惊人的幽默才能。

我们再来看看下面这位农民是如何推销他的猫的，想必大家一定会从中得到启示。

一个巴黎古董商到外省去旅行，希望碰运气发现一些稀罕的东西。他常常在一些小村庄停留下来，借口买鸡蛋，注意人家的其他物品。

一天，他在一个农民家里发现了一件稀世奇珍：一只中世纪的小碗，可它被主人用来盛牛奶给猫吃。

古董商按捺住心头的兴奋，故意显出不在意的样子，对这个农民说："你这只小猫多漂亮啊！我想把它买去给我的孩子，你同意吗？"

"当然可以。"这个农民答应了，并要了一个相当大的价钱，古董商照付了。

接着古董商装出很随便的样子说："我想把这只碗也带去。因为这只猫已经习惯在这里吃东西了。"

"啊，不，"这个农民说，"从前天起，我已靠它卖掉6只猫了。"

# 运用幽默广告的力量

幽默广告的力量在于，最好的广告词是带有很强的幽默色彩的，它能够有力地抓住顾客的心，可以使消费者在欢乐中认识商品。在广告中加入幽默，运用幽默力量使其达到最为理想的效果，这就是经营的技巧。幽默在广告中应用最普遍的是在广告词中，广告词也最好体现幽默的力量。下面我们分类挑选了一些优秀广告词供读者欣赏。

首先是一些公司、商店的幽默广告：

本公司负责产品维修的人，是世界最"孤独"的人。

——西门子公司广告

游山玩水

除了富士彩色，不带走一草一木；

除了欢乐回忆，不留下一纸一物。

——日本富士胶片公司广告

欢迎大家踩在我们身上。

——地毯商店广告

剪龙裁凤，激情荡漾三江水；

飞针走线，巧艺温暖万人心。

——裁缝店广告对联

挺身而出，

展露女性最美的曲线。

——中国台湾作家廖辉英创作的孕妇装广告

这种大衣的唯一缺点是：将使您不得不忍痛扔掉以前购买的内衣。

——瑞士名贵裘皮大衣广告

将浪漫感觉装入口袋，在夏季的人行道上追逐春天的脚步。

——时髦套装广告

好动顽皮的小孩，如何让他充分发挥自我？

——童装广告

妈妈的爱软绵绵，穿在儿身上，暖在娘心间。

——婴儿内衣广告

如欲解除束缚，尽情享受，请立即改穿苹果牌牛仔裤。

——苹果牌牛仔裤广告

这双鞋就像妈妈牵引宝宝的双手。

——爱迪达儿童鞋广告

走过一半人生路还是爱迪达。走过一半人生路，年轻时候的一切也都过去了，而今依然信实如妻者还是爱迪达。

——爱迪达运动鞋广告

下面是一些有关交通方面的幽默广告：

此处已摔死三人，你愿做第四个吗？

——美国高速公路交通安全广告

阁下驾驶汽车，时速不超过30公里，可以欣赏到本市的美丽景色；超过60公里，请到法庭做客；超过80公里，请光顾本市设备最新的医院；超过 100 公里，祝您安息！

　　——某地交通安全广告

　　如果您的汽车会游泳，请照直开，不必刹车。

　　——美国西海岸交通安全广告

　　你打算以每小时 40 公里的速度开车活到 80 岁，还是相反？

　　——丹麦哥本哈根街头交通安全广告

　　您尽可深信不疑，抛锚的汽车并非三菱产品。

　　——三菱牌汽车广告

　　只有福特汽车，能和芝加哥一样日新月异。

　　——福特汽车广告

　　法国第一夫人与您同行。

　　——法国雪铁龙汽车广告

　　如果有人发现奔驰牌汽车发生故障，被迫抛锚，我们将赠送你
1 万美元。

　　——德国奔驰汽车公司广告

　　在 60 英里的时速中，劳斯莱斯轿车里听到的最响的噪音是钟
表声。

　　——劳斯莱斯轿车广告

　　古有千里马，今有日产车。

　　——日本汽车广告

　　瑞士航空公司——即使您乘坐经济舱，也会在漫长乏味的飞行
中，感到时间稍纵即逝。

　　——瑞士航空公司广告

在 3 万英尺的高空，享受丝绸般的舒适。

——泰国航空公司广告

德航体贴入微，就算是一杯清水，也同样重视服务。

——西德航空公司广告

1842 年，西班牙发现了美国；今年，您将发现西班牙。

——西班牙航空公司广告

发现印尼，发现巴黎，一个地球上的热带乐园。

——印尼航空公司广告

# 运用安慰的幽默手段

运用安慰的幽默手段要求生活在大千世界里的人们时刻都应该控制自己的情绪，这是快乐人生的根本；幽默力量帮你把握心理平衡。幽默是一种特性，能够引发喜悦、带来欢乐，或以愉快的方式娱人。有了幽默，我们可以学会以笑来代替苦恼。借着幽默的力量，我们能将自己和他人超越于痛苦之上。

事实上，幽默力量的形成主要在于我们的情绪，而不在于我们的理智。生活在大千世界里的人们时刻都应控制自己的情绪，这是快乐人生的根本。当你遇到痛苦和烦恼的事情时，幽默力量会帮助你把握自己的心理平衡。

在一家豪华商店，一位男顾客指着一个瓶子问女售货员："小姐，这种清凉饮料好喝吗？"

"当然好喝。不信，您只要尝上一杯，准保上瘾。"顾客摸摸头，想了一下，说："好吧，那我就不买了，省得以后麻烦！"

一个悲观失望的人来到海边打算自杀。可是，他刚跳下去，海浪又把他送了回来，一连几次都是如此。他到城里找朋友们说：

"世界上少了我可不行，不信，你们可以去跳海试试。"

船沉了之后，两位遇难者在海面上漂流。他们中的一个费劲地说：

"嘿，大地一定离我们很远。"

"不。"另一个说，"顶多不过两米。"

"怎么，你疯了，你是说只有两米？"

"对，往下两米！"

从以上事例中可以看出，真正的幽默是从内心涌出，更甚于从头脑涌出。它不是轻视，它的精义是爱。它能解除人生压力，提高生活的品质。它可以把我们从个人的痛苦中拉出来，使我们振作精神，脱离许多不愉快的窘境。

医生在填病人登记表。

"太太，您多大年龄啦？"

"唉，医生，我忘记了。不过，您让我想想……我想起来了，我结婚时，是 18 岁。当时我丈夫 30 岁，现在他 60 岁，是当时的两倍。这样看来我也应该是 18 岁的两倍，也就是说，是 36 岁，对吗？"

商人叮嘱老婆，如果他做生意赔了本，就把屋子弄得灯火通明；相反的话，则只点一支蜡烛就行了。"为什么这样呢？"老婆不解地问。

"我赔了本，其他人也该生气，"他解释道，"可让他们生气的唯一办法就是让他们看到我家灯火辉煌。""那你赚了钱呢？"

"如果我赚了钱，那我当然要让别的人也陪我高兴。我只点一支蜡烛，他们会认为我快穷死了，一定会乐得跳起来。"

有人问一位科学家："你试验一种新型电池总是失败，为什么还要继续试验？"

科学家回答："失败？我从来没有失败过，我现在已经知道了5万种不能制造这种电池的方法。"

对年龄的困惑，对生意失败的烦恼，对事业坎坷的压力，我们都可以像这样用幽默力量对待，这就能使我们的心理达到很高的境界，更有助于我们把事情办好。

## 运用天真的谈笑艺术

运用天真的谈笑艺术指幽默力量使人与人之间的关系更加和谐，活跃了气氛，可以减轻压力。对学生进行幽默技能的培养和训练是非常重要的，可以使学生掌握正确的人生观，以乐观豁达的心态面对挫折，在轻松愉快的气氛中学习知识。这种培养随时随地都应继续下去，要从小抓起。儿童能够以他们特有的天真幼稚的心理及方式认识解释世界，他们的幽默浑然天成，全无造作，总是在自觉或不自觉之中陷入了幽默的情境。

——汤姆："瓦尔特，能把你的铅笔借我用一下吗？"

瓦尔特："你为什么不能用你自己的呢？"

汤姆："因为我的笔总是喜欢写错。"

——父亲看了儿子的成绩册，生气地问道："为什么你的算术只得了一分？"

儿子回答说："老师大概没有更多的分了。"

——老师问小王："你知道布谷鸟有什么用处吗？"

小王答："布能裁衣，谷能当粮，鸟能供我们玩。"

——老师："莫里茨，你来说说，'责任'是什么意思？"

莫里茨："假设我的裤子有两条背带，现在断了一条，那么所有的责任就在另一条背带上了。"

——老师："安妮，你能告诉我渔网是怎么做的吗？"

安妮："是把一个个窟窿用线扎起来的。"

在这些巧妙的话语里蕴含着最大的幽默，体现着聪明才智；因此，我们应该不断地正确引导他们，鼓励他们，而不应对他们的天真给予指责。最好的方式是与他们共同幽默一番，用幽默教育他们的同时使他们得到幽默的训练。

恩里克看到自己的儿子与邻居强壮的小孩比赛掰手腕，就鼓励他说："加把油！赢了我给你两元钱。"后来，儿子果然赢了，恩里克便给了他两元钱；以后儿子又胜了几次，恩里克照样每次都给两元钱。但恩里克思考再三，总觉得儿子敌不过邻居的孩子，所以又问："你果真能赢他吗？"

"当然，百战百胜。"儿子自豪地说。

"那你用了什么技巧呢？"恩里克很想知道，便又问道。

"这非常简单，"儿子回答，"我每次给他五毛钱，他准败。"

小宝已经到上学的年龄了。开学第一天，小宝早早地起了床。他今天特别乖。吃完了早餐，爸爸妈妈送他去参加开学典礼。晚上，爸爸妈妈一下班回来就问小宝，今天在学校好不好；小宝直率地告诉妈妈："妈妈，今天老师提问，全班只有我能回答。"妈妈听了很高兴，问道："老师问什么啦？"

小宝说："他问：'谁把教室的门画得一塌糊涂啦？'别人一声不吭，只有我大声回答：'是我！'"

总之，在人际交往中，幽默具有巨大的作用，可弥补人际间的思想鸿沟，连接人与人之间的感情分界，增进人际间的信任，使人生更加和谐美好。

# 运用社会生活的幽默

运用社会生活的幽默就是天大的事一笑了之，借着笑的分享，把琐细的问题摆在它适当的位置，使我们轻松地面对一切，重振精神。

以笑来面对日常生活中足以引起我们不快的小事情，要眼看着不快的情绪消失。借着笑的分享，你就可以把琐细的问题摆在它适当的位置上，和你整个生活相比，它就显得很小了；你也会因此提醒别人，这有助于他们轻松地面对事情，你会使他们重振精神。

说说天气吧！以天气为题材，说个笑话吧！

我发现特别是在太冷、太热或太湿的天气里，有关气象的笑话更能振奋听众的精神。在你自己的生活里，也试试这样的"振奋剂"吧！

"气象预报人员说今早会降大雾。今天早上我的邻居跨出前门，现在他们正在大雾中打捞他的身体。"

"我办公室里冷得要命，办公桌椅不得不装上防雪轮胎。"

"如果再来一季这样恶劣的寒冬，我就要退休了。我要在车顶上绑一把铲雪的铲子，然后朝南驶去，一直开到有人指着铲子说：'那东西是干吗的？'我才要停下来。"

对太潮湿或太干燥的天气做趣味的思想，试试看说说这样的故事：

一个初到美国新墨西哥州的游客，问当地一个皮肤被太阳晒成古铜色的居民："难道你们这里从来不下雨？"

这位居民想想，然后反问：

"你还记得挪亚和方舟的故事，说当时如何连下40昼夜的大雨吗？"

"当然记得。"游客回答。

"那个时候啊，"这位新墨西哥人说，"我们这里才只有一英寸的雨量。"

当你等候时，以微笑来和人分享。当你在超市的结账出口或银行大排长龙的时候，是和其他人一样等得焦躁不安呢，还是拿出你的幽默力量来与人分享。

"这是自然的法则，我没去排的那一行总是动得快些！"

"速度快不一定是最好的。否则的话，兔子早就来统治这世界了。"

在超市排队时可以说："我买了一条比目鱼，但是排队排了这么久，现在我买的可是一条比目鱼的鱼干了。"

以打高尔夫球为题材，开开自己的玩笑。或者是保龄球、钓鱼、网球、划船、桥牌——任何足以使你的休息生活充满生气的消遣活动，都可以拿来作为幽默的题材。你可以说：

"政坛上的竞争教给我们曲解事实的人不只是钓鱼的和打高尔夫球的而已。"

高尔夫球员问他的球童："你觉得我这场球打得如何？"

"不错。"球童回答说，"不过我还是比较喜欢高尔夫球本身。"

"谁是最好的输家？就是那个跟他老板打球的人。"

"我的医生说我不可以打球。"一位球员说。

同伴听了说："哦，他一定跟你打过球。"

职业高尔夫球选手尼可拉斯，有一次问职业棒球选手奥隆："你算是哪一等的高尔夫球员？"

"打棒球时，我总共花了17年才击出3000次球。"奥隆回答说，"但是在高尔夫球场上，只一个下午就击出这样多的球数。"

似乎高尔夫球比其他球类运动更能启发人的幽默力量，而做趣味的思考。关于这方面的笑话，趣谈很多，但是其他运动、其他消遣也都有表现幽默的时候。

表现原原本本的你，坦诚开放与人相处，能帮助承认我们有时也会怀疑自己或对自己没有安全感。透过幽默力量，我们比较能承认这种不安全感，而不致把它看得太严重。然后我们能够除去疑虑，强化自我观念，扎稳人性的根基。

而且我们无须担心会过于坦诚开放，因为我们能深信自己的缺点、背景，以及过去或现在的环境，无论是好是坏，都会比过去我们试图掩饰逃避来得好。

你是否曾经觉得很想对你的家庭背景抱歉一番，或者夸耀一番？试看下面这个例子：

驾驶员对高速公路上的巡逻警察说："我要让你知道，我是来自弗吉尼亚州最好的家庭之一。你不可以给我开单子。"

"那无妨，"警察说，"我开单子给你可不是为了繁衍。"

有两个人互吹自己的祖先：

一个说："我的家世可以追溯到英格兰的约翰国王。"

"抱歉，"另一个表示歉意说，"我的家谱在大洪水中被冲走了。"

还有一则美国伊利诺伊州参议员德克森的故事：

当德克森首次问鼎国会时，他听到对手在政见发表会上对家世大做文章。这位对手的祖父是个将军，叔父是州立最高法院的法官。

轮到德克森发言了。

"各位女士，各位先生，"他开始说，"本人深感荣幸有这样的家世——我是从已婚者一脉相传、源远流长而来的。"

诗人麦琨有一次对他自己"从婚姻外的关系而出生"的事实开玩笑："我生来就是个私生子！"麦琨说，"但是有的人却穷其一生来成为私生子。"

也许你觉得你生错了时代，或者生错了地点，或者生错了家庭；或者你为过去的经济环境感到困窘，生怕有人提起。我们要提出一些方法，可以发挥幽默力量来走出这些小小的困境。同时你也可以发明自己的方法来用！

"我们从来不穷，也没有挨过饿，只是有时会把吃饭时间无限延后罢了。"

"我出身于穷苦的家庭。当我小的时候，别的小孩做模型飞机，而我是做模型面包。"

美国影星芭芭拉·史翠珊谈到她童年在布鲁克森的日子，打趣道：

"我们真是穷死了。但是我们拥有许多金钱买不到的东西，譬如未付清的账单。"

你是否觉得自己受教育程度太高或太低？或者觉得你的荣誉或成就会给人趾高气扬或自以为了不起的印象？如果你能开开自己的玩笑，就不会使人觉得你锋芒太露而把你看扁了。

许多有卓越成就的伟人都告诉我们，对个人的光荣和成就该如何处置。你也可以把这些例子应用到生活中。

美国有一位成功的、著名的高等法院法官霍莫思，就是能轻松对待自己的人。他对自己各方面的光荣与成就，不夸耀也不自得。

当美国高等法院法官霍莫思的雕塑肖像在华盛顿揭幕时，有一位年轻女人特来看他的肖像。她因能见到这位著名人物本人，而惊讶万分。

"我旅行了400英里路来看你的半身像揭幕！"她兴奋地叫道。

法官回答："我也很乐意旅行400英里路去向你汇报。"

有人问林肯总统，当总统的滋味如何。他回答说："你可听过一个故事说，有个人全身被涂上焦油并裹上羽毛，用火车运到城外。有人想知道滋味如何，他说：'要不是为了这事的荣誉，我宁可走路。'"

## 运用自我形象的技巧

运用自我形象的技巧就是指如果你想在团体中表现得更具有影响力，你可先收集某些他人的笑话和趣闻，然后加以巧妙运用，并尽可能地充分发挥。

不论做主人还是做客人，你都有必要去应付不合理的要求、令人不快的行为，或者闹得不像话的场面。用你的幽默力量和平解决吧，尽量避免争端。

假如你想平息餐桌上的争端，就说：

"不要吵了，该不会是刚刚吃下去的鸡在作怪吧！那可不是斗鸡！"

对情绪过于激昂的人，就说：

"一个人总得相信些什么，我相信我要再喝一杯。"然后建议他："何不尝尝这种新式的鸡尾酒，叫作'灭火器'的。"

有时候为了达到目的，非用幽默力量来刺激他人不可。我们再以成功的实例来说明。

美国作家欧希金在他的《夫人》一书中提到，一天晚上，美容产品大亨卢宾丝坦女士在家宴请宾客。座上有一位客人不断批评她，因为"你的祖先烧死了圣女贞德"。

其他客人都觉得很窘，几度想转移话题，但都没有成功。谈话愈来愈令人受不了。

最后卢宾丝坦女士自己说："好吧，那件事总得有个人来做。"

有一次某位诗人和一位名将军同为宴会的上宾。女主人极力要向人显示——并炫耀——她对诗的造诣有多深。

她宣布说："我这位诗人朋友现在要为我作一首十四行诗，并当场朗诵。"

"哦，不，"这位诗人推辞说，"让这位将军来发射一枚炮弹吧！"

在一个慈善舞会上，萧伯纳邀一位自视过高却又十分害羞的女士共舞。

正舞着华尔兹的时候，她不安地问："萧先生，你怎么会想到邀可怜的我跳舞呢？"

萧伯纳回答："这是个慈善舞会，不是吗？"

当百货公司大拍卖，购买的人潮又推又挤的时候，每个人的脾气都如枪弹上了膛，一触即发。有一位女士愤愤地对结账小姐说："幸好我没有打算在此找到'礼貌'，在这儿根本找不到。"

沉静了一会儿，结账小姐问："你可不可以让我看看你的样品？"

当别人鲁莽无礼的时候，给他看看你"良好幽默"的样品，会有意想不到的效果。

向小孩子学习神色自若。小孩子能教给我们如何在社交场合，运用幽默力量来保持神色自若。

小珍家里请客，妈妈要她向客人说些欢迎的话，她不愿意："我不知道要说什么话。"

"你听到爸爸说什么，你就说什么好了。"

　　小珍点点头，说："老天，我为什么要花钱请这些人？钱都流到哪儿去啦？"

　　这就是幽默力量，因为小珍把父亲的想法纯真地说出来，能激励我们也检讨自己的想法。

　　我们因此可能发现，有必要把握社交生活的机会使自己快乐，来平衡我们的忧虑。

　　有一个小孩儿到朋友家去吃晚饭。

　　朋友的母亲注意到他把一块猪排割过来锯过去。便问他："要我帮你把肉切开吗？"

　　"噢，不用，没关系，"他说，"在家里，我妈也常把肉煮得这么硬。"

　　我们可以和他一起笑，也可以由此得到一些东西："在家里"——属于我们自己的观点——事情是怎么样，从他人的眼光来看未必也是一样。为了社交生活成功，我们需要把着眼的观点从"我"改变到"你"。

　　安莫洛·林白小姐在小的时候，洛克菲勒先生有一次到她家喝茶。她的母亲心想，她可能会提起洛克菲勒的大鼻子，于是林白太太好几次提醒小女儿："千万不要提到他的鼻子。"

　　客人到了。她很有礼貌地表示欢迎，然后跑出去玩。林白太太拿起茶壶，大松一口气，说："洛克菲勒先生，你要加点儿牛奶在你的鼻子里吗？"

　　这其中幽默力量的涵意在：如果一直担心别人会使我们受窘，过分的担心常会使我们更容易犯错。

小孩儿让我们了解到，在社交生活中清楚地沟通也很重要。

15岁的小女孩儿穿上最漂亮的衣服，去参加聚会。母亲告诫她："如果大人们问起你爸爸和妈妈怎样，你只要说不知道就行了。"

小女孩儿回来，母亲问："他们有没有问你什么问题？"

"有啊！"女儿说，"他们问我爸爸是什么人，我告诉他们说我不知道。"

注意，罗勃特是主张以自己为幽默的对象，或说"笑你自己"——这就是为什么企业界、工商界、娱乐界等都有许多人爱引用他的"现代趣谈"作为幽默力量的源泉，他就是以自己为幽默的对象的。

即使在最简单的情况下，你的幽默力量也能帮助人解除紧张。在任何小地方都尽量发现或制造笑声。

在严肃的一面，幽默力量能使人卸除重担。你能因此获得内在的力量，去改善现状，也可以去接受那不可改变的事实。两度获选奥斯卡金像奖的女星蓓蒂·戴维斯，深受个人生活中的问题所困扰。虽然问题依然接踵而来，但她以幽默力量来面对困难。

"到50岁的时候，"她说，"我开始怀疑，我想，到现在我必定扮演过够多角色了吧？"

# 运用幽默的诡辩制胜

　　运用幽默的诡辩制胜指在论辩中运用幽默手法是一种极为有效的制胜术，它能直接体现辩手的知识水平、思想素质、语言表达能力的高低。论辩，是探索真理，获得成功的有效手段。无论是生活中的你争我夺，还是论辩赛场上的唇枪舌剑，你都有可能反应机敏，知识丰富，表达流畅。如果还能巧用幽默，那你就一定会辩才高绝，难遇敌手。

　　下面我们看看生活中的论辩。

　　对于上帝是不是万能的这个问题，在古代就长期争论不休。神学家曾宣称：上帝是无所不在、无所不能的，世界就是由这个全知、全能、全善的上帝创造出来的。对此，有个经院哲学家反驳说：

　　"上帝能否举起一个连自己也举不起的石头？"

　　这位哲学家运用两难法巧妙地使"上帝"陷入进退两难的维谷。无论是回答"能"或"否"都不能自圆其说，让那些有神论者左右为难。

　　论辩是一门艺术，有很多运用的方法，但无论是请君入瓮还是暗度陈仓，以及旁敲侧击、以守为攻等，都包含着幽默力量在其中。

　　阿凡提去集市买毛驴。卖驴的地方挤满了乡下来的农民。其中有个衣冠楚楚的人经过这里，说道：

"这个地方不是农民，就是毛驴。"阿凡提听了，上去问那个人：

"先生，您是农民啦？"

"不，我不是农民。"

"那是什么呢？"

面对衣冠楚楚者的错误表达，阿凡提巧妙运用"非此即彼"的方式让其回答，几声追问，让对方窘态百出。

清朝时，有一天乾隆皇帝问纪晓岚："纪卿，'忠孝'之意何解？"

纪晓岚答道："君要臣死，臣不得不死，为'忠'；父要子亡，子不得不亡，为'孝'。"

乾隆皇帝立刻说："那好，朕现在就要你去尽忠，行吗？"

"臣领旨！"

"那你打算怎么个死法？"乾隆皇帝问。

"跳河。"

乾隆皇帝当然知道纪晓岚不会去死，于是就静观其变。不一会儿，纪晓岚回来了，乾隆笑道："纪卿何以未死？"

纪晓岚答道："我走到河边，正要往下跳时，屈原从水中向我走来，他说：'晓岚，你此举大错矣，想当年楚王昏庸，我才不得不死。你在跳河之前应该先回去问问皇上是不是昏君，如果不是昏君，你就不该投河而死；如果说是，你再来不迟啊！'"

纪晓岚不愧是如簧之舌，面对皇帝的戏谑，巧借屈原之说，金蝉蜕壳，真是一代辩才！

丹麦著名童话作家安徒生一生俭朴，常常戴顶破旧的帽子在街上游逛。

有个家伙嘲笑他说："你脑袋上边的玩意儿是个什么东西，能算顶帽子吗？"

安徒生回敬说："你帽子下边的玩意儿是个什么东西，能算个脑袋吗？"

安徒生以其人之道还治其人之身，如法炮制，还以颜色，令那个嘲讽者无地自容，半天还回不过神来。

在赛场论辩时，幽默更是一种威力巨大的武器，能巧妙地表达观点，控制场上气氛，给对方造成心理压力。比如，在第二届亚洲大专辩论会关于"儒家思想可以抵制西方歪风"的辩论中，反方复旦大学队有这么一段辩词：

"在孔子时代也有歪风，正所谓歪风代代都有，只是变化不同。孔子做鲁国司寇时，齐国送来了一队舞女，鲁国的季桓子马上'三日不朝'。而对这股纵欲主义的歪风，孔子抵御了没有呢？没有，他带着他的学生'人才外流'去了。"

这段辩词巧妙地古今连用，运用典故，切题新颖，"人才外流"一语更是神来之笔，因而取得了极好的论辩效果。

幽默因其巨大的力量被论辩家们称为"幽默炸弹"。"幽默炸弹"在赛场上轰炸，往往会取得意想不到的效果。

比如，为了驳斥剑桥队的"温饱决定论"，复旦队对裴多菲的诗作稍作改动："生命诚可贵，爱情价更高；若为温饱故，两者皆可抛。"

这很有说服力。

又如，在辩论艾滋病问题时，复旦队又幽默地说：

"如果哪个人被艾滋病'爱'上的话，恐怕是'此恨绵绵无绝期'吧！"

论辩时幽默要能切时切境，天衣无缝。一般借用一些人名、地名、诗句、对联表达一种新义。如：

"我们多次问对方，善花里如何结出恶果，对方说要浇水、要施肥呀。那我就不懂了，大家都承蒙这个阳光雨露，为何有那么多的罪恶横行这个世界呢？难道这个水、那个肥还情有独钟吗？为何不跟罪恶做一个潇洒的'吻别'呢？"

论辩中运用幽默手法是一种极为有效的制胜术，它能直接体现辩手知识水平、思想素质、语言表达能力的高下。运用幽默来阐述或批驳对方观点，会产生极好的论辩效果。

# 运用幽默来战胜自我

运用幽默来战胜自我指幽默使我们自由地感受自我与环境，使我们发挥并表现出自我的才能与力量，使我们在痛苦中获得欢乐。

人生在世，不如意事常十有八九，人人都会有烦恼，都有不安。也许你终日忧虑自己的外表或年龄，青春不再；也许你苦于家庭的不合。然而当我们把幽默的力量应用于化解包围在我们生活四周的紧张和焦急时，我们就能战胜自己，令生活丰富多彩。

幽默可以给我们带来我们所需要的精神生活。有了幽默，就可以自由地感受自我与环境，发挥并表现出自我的才能与力量。即使面对事业的失败和人生的苦恼，我们也能运用幽默来开拓心胸，在痛苦中获得欢乐。

一天晚上，一位先生在马路上丢失了一枚金戒指。

当时路灯很暗，他无法寻找。

这位先生急匆匆地赶回家，就在房间里到处找起来。他妻子问：

"你找什么东西？"

"我找戒指。"

"你是在家里丢掉的吗？"

"不。在马路上。"

"那你为什么要在这里找？"

"因为马路上黑，家里亮。"

丢掉了戒指，当然烦恼，可这位先生偏偏在不是地方的地方寻找，实在荒唐，但谁能说他不是在寻找欢乐呢？

有一位先生回家一看，家里被小偷洗劫一空。他双手一摊，调侃道：

"好了，以后出门不用再带那串'哗啦啦响'了。"

多么豁达的胸襟啊！

有人面对不幸，垂头丧气、呼天喊地，而下面的这位农夫，被人抓到狱中，也不忘让人帮他的"大忙"。

有一次，那些人找到一个农夫，对他说："听说你有一个罐子，里面装的都是金子。"说完，就动手搜查起农夫的屋子。可是搜了半天，也没有搜到一点儿值钱的东西。于是他们便把农夫抓走，关进了监狱。

一天，农夫在狱中收到妻子的一封来信，说是现在该种马铃薯了，但因家中缺少人手，农夫的妻子只好自己去翻地。农夫看完信，凝神思索了一阵，立即写了一封回信，叮嘱妻子千万别去翻地，因为地里有一罐金子。回信写好后，农夫把它交给监狱看守，照例由看守代为寄出。

两星期后，农夫又收到了妻子的一封来信，信中说："前几天家中出了件怪事，有十多个带锹的人，来到马铃薯地里，把马铃薯地全翻遍了，好像在找什么东西似的。"

丈夫看完信，知道是那些自作聪明的看守办的事，就笑嘻嘻地又写了封回信，告诉妻子："既然有那么多人给我们翻了地，那你就可以种马铃薯了。"

幽默还有一个更大的功能，便是战胜自己的脾气，用幽默来反击他人。

牛津大学有一个叫艾尔弗雷特的年轻人，因为有点儿诗才而在全校闻名。一天晚上，他在同学们面前朗诵自己新创作的一首诗，同学中有个叫查尔斯的说："艾尔弗雷特的诗我非常感兴趣，不过，它是从一本书中偷来的。"

这话传到艾尔弗雷特的耳朵里，他非常恼火，要求查尔斯向他赔礼道歉。

查尔斯说："我说的话，很少收回。不过这一次，我承认是我错了。我本来以为艾尔弗雷特的诗是从我读的那本书里偷来的，但我到房里翻开那书一看，发现那首诗仍然在那里。"

# 努力运用你的幽默感

努力运用我们的幽默感是因为幽默是人的思想、情绪、阅历、学识、智慧和灵感在语言运用中的结晶，但不是天生的，需要从多方面去培养。幽默感不是天生的，它是随着人们阅历和知识的不断丰富以及对生活的不断认识而形成的。

幽默作为一种能力，像其他技能一样，需要努力学习和实践才能获得。

恩格斯说："幽默是具有智慧教育和道德上优越感的表现。"

著名喜剧电影演员陈强在谈到培养幽默感时提出了三个条件：首先是知识的修养，其次是对生活的乐观态度，最后是各种能力的综合培养。

因此，要培养幽默感必须从多方面去努力。

第一，要广闻博见、丰富知识。

幽默与广闻博见有什么关系？先让我们看一则故事：

有一位秀才年年乡试都落第，他每次写文章便像吃了苦药一般，抓耳挠腮，迟迟下不了笔。

妻子看他那愁眉苦脸的样子，心中老大不忍，便说：

"你们男人做文章真比我们女人生孩子还难哪！"那秀才哭丧着脸回答说："那当然，你们是肚子里有货，我的肚子里没有货啊！"

这个笑话告诉我们，知识贫乏，腹中空空，是写不出文章来的。同样，没有知识、孤陋寡闻的人，即使口齿伶俐，也不能说出幽默的语言来。

幽默是知识智慧的产物。它要求有丰富的知识、广博的见闻，因此，我们要对古今中外、天南地北、历史典故、风土人情都有所了解，用自然知识、历史知识、社会知识、生活知识充实自己的头脑。在这个基础上讲起话来才能得心应手，出口成章，才能潇洒流畅、生动有趣。一些著名的政治家、思想家、军事家、文学家、艺术家和科学家，之所以富于幽默感，就在于他们都具有丰富的知识和阅历。

为了丰富我们的知识，我们应当博览群书，书读多了，知识自然得到充实。多读书，不妨也注意读一点儿语言幽默的书籍，比如，读一些笑话集、讽刺小说、喜剧剧本等。这样可以提高一个人的幽默感。

为了丰富我们的知识，我们还要多读社会这部无字书。古人说："世事洞明皆学问，人情练达即文章。"洞察社会的人情世故，这对于增强幽默感是极有帮助的。许多幽默的话语，都是建立在对社会各种事情的真知灼见之上的。如果没有这种真知灼见就无法形成幽默。

第二，要乐观豁达。

恩格斯说："幽默是表明人对自己的事业具有信心并且表示自己占有优势的标志。"

幽默的谈吐是建立在说话者思想健康、情绪乐观的基础之上的。幽默永远属于那些热心肠的人，属于生活的强者。所以，我们要热爱生活，要乐观、豁达，有点儿超脱感，对人宽宏大度。这正如老舍说的，"幽默者的心是热的"，这样才能充分享受生活的欢乐，才能触目成趣，才能善意地表达自己的感受。

老一辈革命家在与群众讲话、谈天时，言谈话语间有时便流露出一定的幽默感，使人感到分外热情、亲切，这便与他们具有乐观主义精神有关。

用乐观的态度看待事物，就会发现生活中的谐趣处。同一件事，从不同的角度去看，就会产生不同的效果。这里面便有生活态度的问题。乐观的人总是从乐观的角度去看问题。培养幽默感，就要从积极的角度去看问题，这才会有善意的批评和富于同情的谐趣。

一个人如果总是背着沉重的精神包袱，整天忧虑重重，悲观失望，他就不会热爱生活，也绝不会有什么幽默可言。

第三，要注意培养自己的综合能力。

幽默既是知识的结晶，又是多种能力的合成。因此，要培养幽默感，必须注重培养自己的多种能力。

首先，要注意提高观察力。只有这样，才能明察秋毫，从平凡中看到本质，从司空见惯的日常小事中看到情趣，从而才有可能借助语言或其他手段幽默地表现出来。

有一个青年人，由于他善于观察，从而发现了生活中许多有趣的现象。比如他发现了这样的现象：两个人在门两侧同时推门，门不能开；两个人又同时拉门，力量相抵，门还是不开；两个人在两侧同时发愣，然后两人各自转身离去。这种生活中的矛盾现象有很多人都见过，但熟视无睹，更没有深想，所以也就无法发现其中的内涵。这位青年人却能发现，并且用漫画表现出来，这说明观察力在幽默中的作用。

其次，要丰富自己的想象力。富于想象，才能从平凡的生活素材中，找到别出心裁的幽默构思。

比如漫画家方成以"一人得道"为题画了幅"一半人"青云直上的升官图：

打头的大块头看不见头，上半身已进入云端，从夹皮包挺肚皮的庄严法相看来，显然就是"得道者"；接着第二个人抱着他的大腿……最后是一个女孩儿搂着她爸爸的脖子，自己又背着玩具——小狗和小鸡。

看到这幅漫画不由得令人拍手叫绝，它既引人发笑，又令人回味。

这幅漫画之所以构思巧妙，就在于漫画家具有丰富的想象力。

除了培养观察力和想象力之外，还应培养逻辑推理能力。因为许多幽默便是活用逻辑而构成的。还要培养高度概括表达能力。培养了这些能力，就会反应敏捷，精密巧妙地把自己对生活的认识、理解表现出来。

最后，多向他人学习。

要使自己的语言具有幽默感，一个有效的办法是向他人学习。在我们周围不乏颇富幽默感的人，我们可以和他们接触，同他们聊天，在接触中，就会增强自己语言的库存，受到他人的幽默的"传染"。

我们还可以多看喜剧和相声演员的表演，这对于增强自己的幽默感也是很有益处的。

第二章

# 幽默成就快乐

对于一个有幽默感和两条腿的人来说，如果不能两全，最好是失去一条腿。

笑并不是幽默的目的，而在于人们笑过之后所得到的深刻哲理和启迪，也就是说幽默存在于笑的背后。

幽默若要有效，就必须使别人在反应时也能体验到愉快的心情。幽默力量使得我们把他人摆在好玩的心情中。

## 幽默是引发笑声的艺术

　　幽默似乎注定与笑声不可分离，在生活中，我们经常会笑，幽默就是一种逗我们快乐的方法。笑是人的一种本能，但人却不会时时刻刻都能笑，想笑，要笑。笑是在一定的条件作用下才会发生的。幽默会引人发笑，所以，有人把幽默当成"善意的微笑""以笑为审美特征"，还有人把幽默奉为"引发笑声的艺术"，故而幽默特别受到人们的注意。

　　人们的笑，可按照笑时的表情分为多种。幽默可以使人发出轻松的微笑、快乐的大笑，也可以引起人们的冷笑、嘲笑或似发疯的狂笑等。但幽默的目的并不是笑，而在于人们笑过之后所得到的深刻哲理和启迪，也就是说幽默存在于笑的背后。

　　现实生活里，很多幽默的话是逗人开心的钥匙，纯属娱乐性质。例如，有一则《二大爷请客》的幽默笑话：

　　有一年春节，二大爷请客。二大娘忙里忙外地准备，调凉菜时，二大娘一看香油少了，舍不得往碗里倒。二大爷一看急了，对二大娘说："你真不明白，你往外倒香油时，想着这油是人家的，不是咱的，不就舍得倒了吗？"

　　据一些资料介绍，笑话不仅在我们中国流传久远，而且近来在西方已经兴起了"笑学"这门新兴学科，如美国的华盛顿成立了"笑的电台"，专门播放引人发笑的节目。德国有专门从事笑的俱乐部叫"笑联盟"。匈牙利等国家的电视台经常播放引人发笑的幽默小品等电视节目，公开出版的幽默漫画、书籍则到处可见。

这样说来，笑的确是调节人们感情和情绪的"润滑油"。在一个科室或一个家庭中，当人们工作紧张都有了疲劳感时，同事中或家庭成员中如有人出来讲一段幽默故事，顷刻室内气氛就会变得轻松活跃。例如有一次，某单位职员们都在伏案工作，休息哨声响过，大伙也没有出去锻炼。这时，一位口齿伶俐的小姐讲了一段《演讲逸事》逗得大伙开怀大笑。故事说：

有一次，林肯正在演讲，一个青年递给他一张纸条。林肯打开一看，上面只有两个字："笨蛋。"

林肯脸上掠过一阵不快，但他很快恢复平静，笑着对大家说："本总统收到过许多匿名信，全部只有正文，不见写信人的署名；而今天正好相反，刚才这位先生只署上了自己的名字，却忘了写正文。"

还有一则这样的幽默故事：

1954年，富兰克林·罗斯福第四次连任美国总统。《先锋论坛》报的一位记者采访他，请他谈谈这次连任的感想。

罗斯福没有回答，而是很客气地请这位记者吃一块三明治（夹馅面包）。记者觉得这是殊荣，便十分高兴地吃了下去。总统微笑着又请他吃第二块三明治。他觉得是总统的恩赐，情不可却，又吃了下去。不料总统又请他吃第三块。他简直受宠若惊，虽然肚子里已不需要了，但还是勉强吃了下去。哪知罗斯福在他吃完之后又说："请再吃一块吧！"记者一听啼笑皆非，因为他实在吃不下去了。

罗斯福微笑着说："现在，你不需要再问我对于这第四次连任的感想了吧，因为你自己已感觉到了。"

这则幽默笑话体现了富兰克林·罗斯福的睿智，用幽默来回答自己的处境。

我们中国人有句俗话说："笑一笑，十年少；愁一愁，白了头。"许多长寿老人像大肚弥勒佛那样笑面人生。这说明，笑在社会生活中，不仅对人体健康有益，而且在人群中可以增进友谊，缓冲矛盾，消除隔阂。

笑还是增进友谊的桥梁和纽带。历史上，马克思与诗人海涅有着十分深厚的友情。有一年，马克思受到法国当局的迫害，而匆匆忙忙离开了巴黎。临行时，他给海涅写了一封信，信中说："亲爱的朋友，离开你使我痛苦，我真想把您打包到我的行李中去。"把人打包到行李中去这是不可能的事，马克思在同海涅开玩笑，娱乐了对方，显示了两人的珍贵情谊。

在我们中国，无论古代的帝王将相，还是才子佳人；无论现代那些有权有势的人，还是普通百姓，可以说凡是有人群的地方，到处可以听到笑声，到处可以听到或看到引人发笑的文艺作品，如相声、小品、喜剧、哑剧等，令人们开怀大笑，百看不厌。像那些被人们尊敬的笑星侯宝林、侯耀文、马季、冯巩、赵本山、赵丽蓉等艺术家，之所以受到广大听众和观众的热烈欢迎，就是因为他们给人们带来了笑声和乐趣，带来了幸福。他们所从事的艺术工作，都紧紧与幽默联系在一起。

　　这样说来，幽默确属引发笑声的艺术，在各式各样幽默作品面前，人们笑得那么开心，笑得前仰后合，笑得泪流不止。人们向往着欢声笑语，所以，我们绝不可以小看了"哈、哈、哈"大笑几声的作用。

# 幽默是快乐力量的触媒

幽默本身不会使我们高兴，它是快乐的触媒。如果你想发掘幽默力量的潜力来平息人生风暴，与他人建立和谐的关系，并达成你的人生目标，秘诀唯有"实施"二字！幽默力量不会自己产生，而是需要计划和练习来创造它、发展它，还需要勇气。

幽默容易辨认，但是不易分析——分析能帮助你运用幽默来创造快乐。当你把幽默付诸实施时，你能判断他人是如何反应的，必要的时候你要改变一下运用的方法。你用得愈多，它就愈壮大，这一点有赖你自己去证明。以幽默力量来连接并引导你的个人生活、家庭生活和你的事业，然后看看结果如何。

你的人生观就是指你以什么方式去看人生，看你认识、遭遇的每一个人，并看你自己。以新的人生观来面对穷困、失意，或烦恼的处境，于是你能发展自信心。

假如你自己做好的发型突然垮下来，不必窘得想钻进地洞里。你可以这样对朋友说："我想我要拿吹风机时，一定错抓了电动搅拌器。"

或者当你去剪头发，理发师把你的头发剪得太短了，还是以你的幽默力量来处理。你可以解释说："理发师教我怎么存头发，甚至还给我一把扫帚和一个纸袋。"

我们再来看看男人和女人的争执。假设"你"是男人，对女权运动的看法和"她"——一位女性朋友、熟人、亲戚或同事——意见不合。也许你会这样驳斥她："我知道女人不是弱者。要六个男人才能把一个男人送进坟墓，但是用女人的话，只消一个就足够了。"或者也可以用幽默的力量来接纳她，说："我很高兴我们现在在各方面都是男女平等。今天早上我太太也正讨论这个问题——和来推销化妆品的小伙子。"

一个洋葱能叫人哭，但是没有一种蔬菜能叫人笑。

我们从许多名人那里，可以学到如何在日常生活中运用幽默力量。例如政治家和政客都知道，如何将尴尬和失意的困境转变为对自己有利的局面。

幽默家兼外交家富兰克林，有一次坐在法国学院里聆听一场精彩的演讲。主讲的人讲完，除了富兰克林以外，每个人都鼓掌，于是他也跟着鼓起掌来。

由于他听不懂法语，便问邻座，台上那人说的是什么。这时才知道整个演讲全是赞美的话——称赞富兰克林。

幽默的力量也能用来解除灰心失意的时刻。

幽默家兼钢琴家波奇，有一次在美国密歇根州的福林特城演奏，发现全场座位坐不到五成。他很失望。但当他走向舞台的脚灯时，却对听众说："福林特这个城市一定很有钱，我看到你们每个人都买了三个座位的票。"

于是这半满的屋子里，充满了笑声。

居于领导地位的人能帮助别人从新的观点来接受他，尽管彼此意见不同。这里是工业界发生的一个例子：

亚柏当选美国钢铁工会主席时，在滨州发表演讲——听众中大半是反对他、对他不满而投票给另一候选人的。

亚柏说："谢谢各位，要不是你们的支持，我不可能当选。"

于是那些反对他的听众笑了——并且不再反对他。我们每个人对政府的措施和政治多少都会有些不满，何必发牢骚、抱怨、诉苦？让妙语和警句的幽默力量成为你消气的活塞吧。

有一句苏联妙语这么说："苏联政府买下撒哈拉沙漠，过了五年竟发生沙的短缺。"

"在美国我们真不知如何灌输给自己的孩子金钱观念，因为我们连国会议员都教不会。"

"美国真是一个伟大的国家——每个人都可以有第二个家，第二部汽车和第二台电视机。只要你找到第二个工作、第二个抵押和第二个运气。"

"我们一向忽视了国内天然气的最大来源之———政治家。"

"连小孩子都不再玩邮局的游戏，因为那太慢了。"

你为所得税和通货膨胀所苦。这还算新闻？只要丢掉抱怨，打开微笑，以幽默的方式驱散苦恼，修饰观点。

"一般公民就是坚持公路要好，学校要大，社会福利要多——而税要少的人。"

"如果这是一个自由的国家，为什么我付不起？"

"两个人生活仍然可以像一个人那样省，只要其中一个吃素，另一个裸体并节食。"

"美国是一个制造奇迹的国度。人无法靠收入过活，但是他竟也活过来了。"

"电价涨得太高的话，火炬就会成为地位的象征。"但是东方谚语又说："为了节省用电而早早上床是不智之举——如果制造出双胞胎的话。"

其实你对任何不满、反对、错误或不平，几乎都可以运用幽默力量来扭转局面。认识问题，改变问题，以你个人的观点对事情做有趣味的思想。

你是否对现代生活的某些方面烦忧、惶恐？幽默力量能帮助你，以平静、轻松的心情与人分享你的人生观。莫惊慌失措！现在立即行动！

"保用几年，就是告诉你这产品用多久该换新。"

"今天我们担心短缺的东西，是我们的祖父母连听都没听过的。"

以笑谈自己来坦诚对人，你会让人看到原原本本的你。这一点很重要！当我们坦诚开放地对别人表露自己时，就足以影响别人，让我们了解他的动机、梦想和目标。于是我们与他人之间所共有的自我了解，会缩短我们之间的距离。

人绝不可能对别人太开放。因为我们愈开放的话，就愈了解他人隐藏的潜力，也愈能表现我们自己的潜力。但是我们绝不能单以抱怨和批评来开放自己。而是要以幽默力量来帮助自己，以轻松的心情对待自己，对自己做趣味的思想。那么你就能让别人发现你是个能冒险、敢尝试、能面对错误、真诚表露自己的人，于是你能打开人类沟通的途径。

两度竞选总统均败在艾森豪威尔将军手下的史蒂文生，非常善于使用幽默力量。

他承认第一次荣获提名竞选总统时，的确受宠若惊，并打趣说："我想得意扬扬不会伤害任何人，也就是说，只要人不吸入这空气的话。"

在他第一次败给艾森豪威尔的那天早晨，他以充满幽默力量的口吻，在门口欢迎记者进来："进来吧，来给烤面包验验尸。"

几年后的一天，史蒂文生应邀在一次餐会上演讲，他因为在路上碰上阅兵行列经过而耽搁，到达会场时已迟到了。

他表示歉意，解释说："军队英雄老是挡我的路。"

史蒂文生改变了他在别人心目中的形象，从失败者变为赢家，而且永远值得人们纪念。让我们也以幽默力量来改变我们的形象吧！

幽默作家班奇利承认，他花了十五年时间才发现自己没有写作的天分。

"这时为时已晚！"他说，"我无法放弃写作，因为我太有名了。"

谦虚固然是明智的，但是赢者并不藐视自己。他们维持自尊，明白赢的价值所在，并接受它。为了便于说明，我们来比较一个故事的两种说法。

第一种说法显示出幽默力量如何帮助我们胜而不骄，并且谦虚以待。

有一位年轻人新近加入某公司的行列，同事向他介绍老板。"这位是杰利，我们的董事长。"这位同事说，然后打趣道："他生来就是一个领导人物——公司老板的儿子。"他们三人都哈哈笑了。

幽默力量使得这位老板人性化，但未损及他的自尊。他以笑来证明他也能以轻松的态度来看自己的地位。

再换第二种说法，我们能够学到幽默力量何以能帮助我们维护赢的价值，而不致流于太谦卑。

另一个新职员在类似的情况下去见他的老板，即公司的董事长。这位职员打趣说："好哇，雷夫，我想你生来就是一个领导人——老板的儿子。"

"不是，"雷夫回答，以轻松而又严肃的口吻说："我是公司创始人的外孙。"

这位老板虽然没有夸耀，但是他委婉表示了他的成功是靠自己努力得来的，并且以承袭家族传统为傲。

当我们能以轻松的态度来看自己，而以严肃的态度来面对人生角色时，我们就肯定了自己赢的价值。

趣味的思想可以从你的感觉、举止，甚而话语中产生。你以感觉来打开别人情绪表达的通道，帮助他对自己有较好的感受。例如你以一句颇富人性的妙语来解释你所犯的错误："我一直怀疑我是否可能被眼药水洗脑。"

将你自己和你的人性摆在任何情况、任何问题中，就这个观点来看，作趣味的思考要比只是逗趣来得有效果。但是别人也许会把你的趣味思想解释成只是为了引别人发笑，这又如何？

如果别人只对你的幽默力量中引人发笑的那一层反应，他们还是可以借此暂时地解除压力，抒发情绪。于是你的幽默力量仍不算失败，因为你知道那对别人有所帮助。

此外，你还可以运用幽默的力量来化解人际关系中的冲突。你以一些幽默——一则小故事、一段小品文、一个句子或妙语——就可以逗得他人去做某件原本不想做的事，或者接受他原本不愿接受的事。

如果你想统治这个世界，就必须使这个世界有趣。当你想要决定你的幽默力量的效果时，就以你如何使用、为何使用来衡量。许多幽默力量都得视你运用时所根据的理由、所掌握的情绪，以及你运用何种方式来使他人愿意接受你和你的想法。

每一天，每一个表现幽默力量的情况，都包含了各种不同程度的愉快经验和不愉快的经验，而后者也可以改变为有趣愉悦的，任何看得严重就可能变为不愉快的事情，加上不论因为什么原因都接受为愉快的事情，就足以构成制造幽默力量的效力。

但是幽默若要有效，就必须使别人在反应时也能体验到愉快的心情。幽默力量使得我们把他人摆在好玩的心情中。著名幽默家马克·吐温的例子可以让我们了解怎么做。

马克·吐温有一次在邻居的图书室里浏览书籍时，发现有一本书深深吸引了他。他问邻居可否借阅。

"欢迎你随时来读，只要你在这里看。"邻居说，并解释道，"你知道，我有个规矩，我的书不能离开这栋房子。"

几个星期以后，这位邻居到马克·吐温家，向他借用锄草机。

"当然可以"，马克·吐温说，"但是依我的规矩，你得在这栋房子里用它。"

就像马克·吐温一样，当我们想要改变他人的态度时，常常需要用趣味的方式。用敌意的幽默来影响他人，就更难了——但是非曲直很可能如此。

# 幽默是出乎意料的 "歪理"

幽默经常是出乎我们的意料而引发出来的欢乐。因此，欧·亨利诙谐地说，幽默是出乎意料的歪理。有的学者经过对幽默的认真研究也指出，幽默的基本逻辑是出乎意料，是违反生活情理而专讲歪理。

我们知道，逻辑是英语 logic 一词的音译。后被引用来指客观事物的规律性，如思维逻辑、革命逻辑、事物发展的逻辑等。如果这句话合乎事物发展的轨迹，那么就是合乎逻辑；如果这件事办得合理，也是合乎逻辑。反之，就是讲歪理，违反逻辑，轻者要受到指责，重者还会引出不堪设想的其他后果。

如果人们换用幽默来讲，除它给人们以笑的享受外，就是 "歪理" 也会被人们笑着去接受，这也许是幽默的又一强大威力。当然，这种 "歪理" 的背后隐藏的是小机灵，还是魔鬼头，只有对歪理有了彻头彻尾了解的人，才会得出结论。这里，我们还是让讲歪理的幽默出来亮相吧。

有一位幽默的小伙说，公鸡会下蛋，他亲眼见过。接下来，他就讲了一段《公鸡下蛋》的故事：

一位知县想害他手下一名衙役，限他 3 天内买 100 个公鸡蛋，误则砍头。这衙役一天买不到，两天买不到，到了第三天，他哭哭啼啼地对家里人嘱咐后事，准备去挨刀。他女儿问明了情况，安慰他说："爹爹不必着急，我去向老爷回话就是。"说罢，便赶到县衙，大喊领罪！

知县立刻升堂，问明是衙役之女，喝道："你父亲为何不来？"

女子说："禀告大人，我父亲正在坐月子！所以我前来替父亲领罪。"

知县吼道："你胡说八道！哪有男人生产的？"

女子反问："男人不能生产，公鸡又怎么能下蛋呢？"知县一听，哑口无言，只好免去衙役的死罪。

这则故事之所以好笑，是知县老爷讲歪理，故意刁难手下。如果手下跟他讲真理，肯定讲不过他，因为他头上顶着官帽，手里握着"理"，聪明的女儿以歪理对歪理，解救了他的爹爹，这说明"歪理"的智慧之光是多么强大。

还有一则《补鞋》的故事，也是用歪理制服歪理的杰作。它说明，歪理的尽头就是真理的曙光。生活中不乏讲歪理的人，我们不妨也采用这种以牙还牙的办法，去追求真理。

有一次，德国著名的钢琴家库勒克，应素不相识的富翁白林克之请，参加了一个宴会。宴会中间，主人请他弹琴，钢琴家不便拒绝，勉强弹了一曲。

事后他了解到白林克原来是个皮鞋匠，暴发后便经常举行宴会，巴结上流人物，抬高身价。

不久，钢琴家也举行宴会，除了邀请文坛名人以外，还请了暴发户白林克和那天出席宴会的一些阔少及小姐。

饭后，库勒克捧出一双破旧的靴子递给暴发户白林克："请您帮忙补补。"

白林克惊奇地问："这是什么意思？"

库勒克说："我是钢琴家，你是皮鞋匠，上次宴会，你叫我当众表演我的看家本领，这一回，你也要当众表演你的看家本领。"

滑稽的故事，既取笑了暴发户，同时也为自己找回了尊严。

明朝人陈全，据传是个能言善辩、善说笑话的人。有一天，他上朝误入了皇宫禁地，被一个大太监抓住了。赶忙赔罪道："小人陈全不知，请公公饶恕！"

大太监早就知道了陈全的名气，便说："我知你会说笑话，你给我说一个字，能让我笑了，我就放了你。"

陈全想了想，就说了一个"屁"字，太监问："这是什么意思？"陈全说："放也由公公，不放也由公公。"太监大笑不止，连说："放了吧，放了吧！"陈全巧用幽默的双关语，化险为夷，显示了陈全的聪明才智。

有一个成语叫"曲径通幽"，原义是通过许多曲折的道路，到了一些幽静的好地方。幽默中的歪理，似乎也有这种作用。它通过幽默的歪理，曲曲折折找到了所要找寻的绝妙去处。下面我们来看看林肯的幽默：

南北战争时，林肯有一次发令到前线去，要各司令官发到白宫的电报，务求翔实，无一挂漏。麦克利兰将军是一个急性子，接到林肯总统的这一道命令有些受不了，马上致电白宫："俘获母牛6头，请示处理办法。"

林肯接到了麦克利兰将军的电报后，马上给了他一个回电："速挤牛奶。"

一次，林肯和一个法官讲定在次日上午9时互相交换一匹马，交换前不准看对方的马，交换后不能反悔，违约者罚款 25 美元。

是时，法官拖着一匹又老又瘦的马来了。一会儿，林肯肩上扛着一个锯木用的木马（锯木支架）也来了。他放下木马，仔细端详着法官的老马，大声说：

"哎呀，法官，我在马交易中，还是第一次吃那么大的亏呢。"

看热闹的人都哄然大笑起来。

林肯总统在谈到他和道格拉斯之间的较量时说：

"当我还是个孩子的时候，我常去桑格蒙河边玩耍；河上常有一艘破旧的汽船在航行。那艘船的锅炉太小了，以至于当水手拉响汽笛的时候，船上就没有足够的蒸汽来驱动船的水轮推进器；而当水轮转动时，又没有足够的蒸汽来鸣响汽笛。我的朋友道格拉斯使我又回想起那艘旧汽船，因为当他说话时，他显然不能同时思考；而当他思考时，他又无法同时说话。"

生活中歪打正着，也是一种求理的方法。幽默中的歪理，也起着这种作用。

有一个荒年，一个老农到县府报告灾情，县官问道："麦子收了几成？"老农答道："三成。"又问："棉花收了几成？"回答说："收了三成。"县官问道："谷子收了几成？"回答说也是三成。县官一听大怒道："有了九成的年景，你还敢谎报灾情，胆子真不小。"老农说："我活了 150 多岁，还没见过这么大的荒年呢！"县官奇怪地问："你有 150 岁？"老农回答："我今年 70 多岁，大儿子 50 多岁，小儿子 30 多岁，合起来不是 150 多岁吗！"县官道："哪有你这样算年纪的？"老人也说道："哪有你那样算年成的！"

## 幽默是化解敌意的良药

有时我们也能以有趣并有效的方式来运用敌意的幽默——因为当我们把自己放进其中时，原本敌意的幽默也就变成没有敌意了。这时我们就可以如教育学家和心理学家所谓的"表现于外"了。

你不一定要像演员那般去"表演"。任何时候、任何地点，你都站在人生的舞台上，你都能将心底所想表现出来，解决你的困难、怨恨、痛苦和困窘。更重要的是你也能够帮助他人，让他们看到如何将个人的困扰表现出来。

说来似乎有点儿矛盾，敌意的幽默能提供某种关怀、情感和温柔——正如下面这个例子。

有个人走到邻居门口，手里握着一把斧头，说："我来修你的电唱机了。"

只要他不把邻居的电唱机砸坏，就是他恰当表达了对邻居太嘈杂的音响的不悦，而不是对邻居大发雷霆。他的行为似乎是对邻居说："我喜欢你，我关心你，我希望和你好好相处。因此，可不可以请你把唱机的声音关小一些？"

你不一定要找一个道具如斧头，才能将意思表达出来。只要试着把你自己和你的感受放进你的幽默中，作为幽默力量的来源。

事实上有关幽默力量的许多矛盾之处，都显示我们只有对所爱、所关心的人运用幽默时，才能把似乎敌意的幽默有效运用，而产生好的结果。这类幽默与其称"敌意"，不如称"损人"更恰当些。损人的幽默常常以女性为对象。例如：

公司里的职员有时开玩笑说到太太们的奢侈。一个说："就算皮包里层是捕蝇纸做的，我太太的钱也不可能留在皮包里。"一个说："据我太太告诉我，她承认她喜欢花钱，但是不要用'奢侈'这个字眼来说她，另找一个新词好了。"

这类玩笑在表面上看来似乎很损人。但是我们可从另一面来解释，这些职员其实都很爱自己的太太，也以她们为荣，认为自己的太太比别的妇女穿着更好，更具魅力。他们以戏谑太太的奢侈来表示对太太的爱和骄傲，并且以此代替夸耀。

当然不是呼吁大家多加使用或经常运用这类损人的幽默。我强调的是将这类幽默转变为幽默力量，来帮助我们把内心的温暖表达出来。

表达内心的感受，能使我们和他人免于爆发战火。当我们把内心负荷过重的事情表达出来时，就能卸除心头的紧张而不致引起怨恨。

当你对某件事情的看法和朋友或同事不尽相同时，在心理上你有三种选择：（1）同意彼此各持不同的意见；（2）修正你的看法，与对方协调；（3）从此不再和他讲话。只要稍加运用一点幽默力量，你就能删除第三项，而在前两者中任择其一。

此外，幽默力量还能保护自我，因为它使你免于和他人敌对。你可以用更有效的方式，把平常不便对某些人讲出来的话，适当地表达出来。

幽默力量可以避免战火爆发，卸除心头重担！例如话题谈到性教育时，你也许可以引用某位兽医的一段话：当有人问这位兽医为什么兔子比松鼠多时，兽医回答道："你可曾想过在树上做爱吗？"

或者你也可以这样说："我们的孩子也应该和我们从前一样去学习性知识——从厕所墙壁上。"这句带有讽刺意味的妙语，能帮助他人了解并接受你话中的含意："有性教育总比错误的性知识来得好。"

讽刺的效果在于使他人能倾听你说话，记住你所说的，并且也能使谈话活泼进行，抓住听者的注意，便于意见的表达。

耶稣基督在世上传福音的时候，也用讽刺的力量来表达他的信息。当他这样问："你们中间谁有儿子求饼，反给他石头呢？"这讽刺的震撼相当于我们现代的问法："如果你的孩子想要吃三明治，你会拿石头丢他吗？"

耶稣把求饼的举动比作人们求天父帮助的需要，他所要传达的信息是："求则得之。"

注意：切记谨慎处理讽刺。讽刺需要用到一些理智的思考，但也很容易流于残忍。而且有更甚于讽刺者，就是嘲讽的侮辱极易刺伤他人的心，使人陷入焦虑中。

萧伯纳是一位极善用幽默来取代讽刺的高手，我们来看一下他的两则幽默：

萧伯纳成名后，收到不少异性追求他的信。有个姑娘在向他求婚的信中写道：

"如果你同我结婚，我们生下的孩子将像你一样聪明，像我一样漂亮，那该是多么美好哇！"

萧伯纳以他特有的风趣回绝了那位冲着他的名气和地位来的姑娘，他在信中写道：

"如果你同我结婚，生下来的孩子长得像我一样'难看'，头脑像你一样'愚蠢'，那该多么可怕呀！"

在一次宴会上，萧伯纳恰好与某纺织厂经理的太太并坐。

"亲爱的萧伯纳先生，"这位身体肥胖、娇声娇气的阔太太问道，"您是否知道，哪种减肥药最有效？"

萧伯纳注视了一下这位邻座，装出一副正经的神态，用手捋着长胡须答道："我倒是知道有一种药，但是，遗憾的是，我无论如何也翻译不出这个药名，因为劳动和运动这两个词，对您来说是个地道的外国词。"

讽刺有其重要地位，利用它就可以把一些足以损害我们的想法暴露出来，但是我们若要运用它，我相信至少有两点要求。第一，我们必须熟悉运用讽刺的幽默力量，必须知道它与事情的关联，知道它会得到别人的认可。第二，我们必须确定对方——个人或一群人——能明白你讽刺中有趣的一面，而且能对它做趣味的思考。

我们经过这样的练习，就能学会如何有效运用讽刺。但是在日常生活中，关怀的幽默总是来得更有效。让我们学习林肯的榜样，运用幽默力量来抚慰人心，不要刺伤人。

虽然幽默力量能帮助我们轻松处理微妙的事情，但是有关种族的幽默却是最微妙、最难处理的。这类幽默极易冒攻击他人的危险，而有所收获的机会又很小。例外的情形可能是：当你和这一群人都是流着共同祖先的血液时，说说种族的幽默可能减轻每个人心头的负担。但是即便如此，也可能冒很大的危险，因为群体是由个人构成的。能够娱乐某甲的一句话，可能在某乙听来是侮辱。因此，要格外注意使用种族的幽默。

# 幽默是事业的指路明灯

　　幽默在某种时刻扮演着通向我们事业坦途中的一盏指路明灯。我们一生追求的是事业上的成功，这一点对任何人来讲都是同样的。无论想登上总统宝座的竞选者，还是在战场上指挥千军万马的将军；无论整日爬格子的文人儒生，还是苦思冥想的科技工作者；无论整日和机器轰鸣在一起的工友，还是日出而作日落而息的农夫，他们都在各自的岗位上奋斗着，并希望自己的事业最终成功。因此，有人把事业的成功比作高山的峰顶，比作丛塔顶端的宝刹，比作心中的太阳……达到事业成功彼岸的路可以说有千条万条，而幽默却是通向事业成功的一条阳光大道，是潇洒走一回的必然选择。毫无疑问，幽默是事业的指路明灯。

　　美国前总统福特曾在密歇根州达拉斯威城的福特纪念馆举行了一次"政治与幽默讨论会"，与会者列举了不少鲜为人知的幽默事例，说明幽默在政治、经济、外交等领域中的重要作用。

　　林肯是美国历届总统中谈吐极为幽默的一位政治家，他经常采用幽默的方式去表明自己的政治主张，用笑的艺术来缓和紧张空气，化解悲哀情绪，从而战胜危难。熟悉美国历史的人都知道，林肯也是一位心地淳厚善良、性格沉稳的政治家。他在任的几年正是美国国内危机四起的时期，他刚当选后，南部一些州便纷纷退出联邦，国家就像"房子一样裂开"；他率领美国人民经过四年血战，才一步步走向战争的胜利。他经常说："我笑，是因为我不会哭。"有一位财政部长批评他笑话说得太多了。林肯说："依我的经验来看，在向一般人说明或解释问题时，说笑话的方式比其他的方式更容易被人接受。"

在美国近代历任总统中，里根总统也是善于用幽默和笑话取得事业成功的政治家。

1984 年里根竞选连任总统时，他的年龄成了竞选的主要话题，他是美国历史上年龄最大的总统候选人，他的对手蒙代尔比他年轻得多。在电视辩论时，里根说："我不希望把年龄当成竞选的话题，也绝不会用对方太年轻、经验不足作为把柄来攻击对方。"

里根的幽默使一个很严肃的问题变得非常轻松。

20 世纪 60 年代的肯尼迪总统也是一位善于运用幽默达到成功的人物。他就任总统时，提名他的弟弟罗伯特·肯尼迪担任司法部长，受到议员们的批评。肯尼迪含蓄风趣地说："罗伯特想将来继续做他以前的生意，我觉得他应先学一点儿司法经验。"他认为从事政治工作，能表现出幽默是很重要的功夫。他说："我非常同意古代一位印度诗人的几句话，大意是：天下只有三件事——上帝、人类的愚蠢和欢笑。头两件事是我无法理解的，所以我们就必须紧紧地把握住第三件事。"

在我们中国，无论古代还是现代，都有许多成功的政治家、经济家、艺术家，他们的经验也紧紧和幽默的风度联系在一起。

有段历史故事叫"解缙扁鱼"。

明朝永乐年间，皇帝想到江西吉安地区游玩，传圣旨让当地知府修桥筑路迎驾。

朝中大臣解缙心想，近年来，吉安地区天灾人祸，民不聊生，一定要设法劝谏皇上。于是连夜写了奏折，上朝面奏皇上。

皇上打开奏折勃然大怒道："天子出游，乃施恩泽于民间，解缙你因何阻拦！"

解缙不慌不忙胸有成竹地劝谏道："主上有所不知，吉州自古有'吉水急水'之患，那里山高、水急，唯有峡江水路行舟，岂不惊了圣驾！"

皇上不容分辩，立刻反驳说："我已命吉州知府筑路修桥、打造巨船，难道还怕'急水'不成！"

解缙笑着回答："当地有句俗话说：'峡江峡江，压断手掌'，那里水险礁多，莫说巨舟难行，就是鱼过也被压成扁肚。"说着，解缙招来一位下官，双手将一盘扁鱼呈上来。解缙又指着扁鱼说："实为圣驾着想，此鱼产于峡江，那里江窄石巨，连鱼身也被压扁了！"

皇上见到扁鱼，便取消了游幸吉安的打算。

解缙巧用旁敲侧击的幽默技巧，使皇帝取消了巡游。这是幽默与智慧的胜利，这种劝谏要比直言陈词高明百倍。

卓别林成为著名电影艺术家之后，有许多人也有意在生活中学他走路的姿态，而且穿戴打扮上也有意模仿，以增加一点儿生活乐趣。有一则关于真假卓别林的幽默，别有一番滋味。

有一次，某艺术公司特地公开举办了一次模仿卓别林的有奖比赛，并宣称将由研究卓别林的专家认真评选。

在得知这一消息后，卓别林觉得很有意思，想亲自去看看，便也冒充普通选手去参加了比赛。然而，出人意料的是，待评选结果公布时，他这个地地道道的卓别林却只获得了第二名！

到了正式颁奖那天，那家艺术公司特邀卓别林出席，并请他讲话。卓别林推托不了，于是便微笑着说了几句话：

"世界上只有一个卓别林，我这次既然被评为第二名，那理所当然地应该请荣获第一名者上台讲话！"

爱因斯坦除了相对论的伟大发现外，他对两点间的距离最近也做了一个幽默论证。

爱因斯坦在美国普林斯顿大学任教时，曾在暑假开始的学期结束会上发表过一个简短而风趣的演说。当时，学生们询问爱因斯坦在学术上有无新发现，他不得不即席宣布：

"我有一个发现：两点之间的最短距离，是指暑假的开端到暑假的结束。祝诸位过好暑假。"

爱迪生的天才不仅是在发明上，其实他的幽默才能更是一绝。

爱迪生不仅将许多科学发明推向了社会，而且，他的住所还被他安置了不少发明设施。当然，这都是自用的。

一天，有个朋友来看望爱迪生，但他进门时却费了好大劲才推开了门。进门后，客人向爱迪生抱怨道："你这门也装得太紧了，我推门都推出了汗。"

"啊，谢谢你的推门，这样，我房顶上的水箱又压进了几十升水了！"爱迪生高兴地对这位朋友说。

幽默是成功的阶梯，通过幽默达到事业顶峰的事例很多很多。但幽默有时也以一种很出乎意料的形式出现：

英国万克斯亚郡的法庭上，一位妇女正与丈夫闹离婚，其理由是她丈夫有了外遇。法官问道："琼斯太太，你能不能告诉法庭，与你丈夫私通的'第三者'是谁？"琼斯太太爽快地说："当然可以，她就是臭名远扬、家喻户晓的足球。"法官听后哭笑不得，只得劝道："足球非人，你只能控告足球生产厂！"

谁知琼斯太太果真在法庭上指控了一年生产 20 万只足球的宇宙足球厂。更出乎意料的是，琼斯太太居然大获全胜。该厂赔偿了她孤独费 10 万英镑。足球厂老板说："琼斯太太与丈夫闹离婚，正说明我厂生产的足球的魅力，而她的控词给我厂做了一次绝妙的广告。"

# 幽默是一生的无价之宝

我们一生中有许多东西是无法用金钱来衡量的，我们的智慧便是实证，而在人类智慧的财富中，幽默被认为是无价之宝。人们需要各式各样的财富，也时刻需要幽默，如同树木需要阳光、空气和水分一样。

对于什么是财富这样一个话题，人类已经争辩了几千年了。随着时代的演变，社会的发展，人类给财富不断增添了新的内容，修改了无数次财富的定义。从茹毛饮血到钻木取火，从渔猎畜牧到精耕细作，从蒸汽发明到原子能发电，从一、二、三产业到知识经济，人们对财富的认识不断深化，人类的物质文化生活也在不断变化，生活水准不断提高。纵观几千年的人类文明史，人们追求财富，可以说是一个永恒的主题。追求财富的手段可以说是千姿百态，各式各样，我们这里所说的幽默是终身的财富，也可以说它是构成财富的诸元素之一。

如果你拥有幽默，那么你一生之中将拥有一笔无穷的财富，海明威就是这样一位"富有"的人。

有一次，海明威在一个晚宴上遇到了一个喜欢吹嘘而又无实力的作家，他借故走开，但是这个作家缠住他不放，对他说："我老早就很想为你写传，希望在您百年之后，我有这个荣幸。"

海明威不喜欢对方的为人，但又不便当面拒绝，于是风趣地婉拒说："既然我知道你想为我写传，我就不得不设法活久一点儿了。"

海明威在美国爱达荷州住过一段时期，当时正逢该州举行州长选举。有一名参加竞选的州议员想借海明威著名作家的名望，便请海明威为他写文章捧场，以争取舆论支持。海明威二话没说就答应了。

第二天，那名议员便收到一封海明威送来的信。他满怀喜悦地打开一看，却发现里面只有一封情书，是海明威太太年轻时写的。议员猜想海明威可能弄错了，便请人将信送回，并附了一张便条，希望海明威一定帮忙。

没过多久，海明威的第二封信送来了，但拆开一看，这次却是份遗嘱。那名议员越搞越糊涂了，于是，他亲自去海明威住处询问。

这时，海明威只得苦笑着对那名议员说："请原谅，我这里现在除了情书之外，只有遗嘱了。"

海明威出名之后，除获得大多数人的敬仰之外，也招致了一些人的妒忌。

一天，海明威收到这样一封无理取闹的来信。信中说：

"您现在是著名作家了，听说您的书稿很值钱，是一字一金。现我寄上一块美金，请您寄个样稿来看看。"

海明威不客气地收下了那块美金，同时给那人寄了一封信，但信中只有一个字"谢"。

海明威成为著名作家之后，有不少富人也来附庸风雅，套套近乎。

一天，纽约的一个靠炒房地产发了大财的富翁来拜访海明威，并一再要求海明威给他签名留念。

在一再推托无效的情况下，海明威便用手杖在沙地上画上了自己的名字，然后挺客气地对那个富翁说：

"请您收下我的签名吧！"

海明威的幽默是我们在现实社会中经常会遇到的，我们从这里可以得到启示，智慧财富是人类生存的手段，谁也离不开它。

有人形容，充满幽默的人生是富有的人生，在人类智慧的财富中，幽默像夜空中神秘的星星数也数不清。资料显示，有一次，美国的300多家大公司的行政主管人员，参加了一次幽默意向调查，结果表明：97%的企业主管相信，幽默在企业界具有相当的价值；60%的企业主管相信，幽默感在很大程度上决定人的事业的成功程度。

幽默大师卓别林一生演过许多部喜剧电影。他那高礼帽、八字胡、撇八腿的形象，至今深深留在亿万观众的脑海里；他的幽默表演，赢得了世界亿万人民的喜爱；他热情爽朗的笑声，抚慰温暖了多少忧伤、不幸的灵魂；他的幽默给世界带来了多少财富，真是难以用数字计算呀。

1998年的夏天，我国的长江、嫩江、松花江发生了百年不遇的特大洪灾，灾害牵扯着党中央、牵扯着12亿中国人民的心，也牵扯着中国许许多多的幽默艺术家。记得一次在中央电视台举办的赈灾义演晚会上，有两队全国著名的幽默艺术家——一队以马季为代表的相声艺术家和另一队赵丽蓉为代表的小品艺术家开展募捐竞赛，各自献出了逗人发笑的相声和幽默喜剧小品，博得观众一阵阵掌声，全场晚会为灾区募捐了 6 亿多元！这是我们亲身经历的一次幽默财富亮相。当然幽默的财富远不能用数字计算，它像取之不尽用之不竭的宝藏，无须成本，便能创造出许多价值。幽默使得到它的人们富裕，却并不使献出它的人们变穷。

中央人民广播电台、中央电视台等许多媒体，经常举办一些相声晚会或小品比赛之类的幽默演出，除了给人们以笑的艺术享受外，举办单位的收入也是相当可观的。一些企业明星、商人巨富争相打广告、贴商标，仅此一项收入，每次演出就会有成千上万的财富流入主办单位的腰包。这些事例，足见幽默是巨大财富、终身财富，谁拥有幽默，谁就可以和穷困潦倒说声"再见了，我的老朋友"。

还有一个"财神让位"的故事。

从前，有一个人，好逸恶劳，却很想发财，他供了位财神爷，每天夜晚烧香磕头。财神爷见他这样虔诚，有一天便托梦对他说："念你虔诚，要赐福与你，但不知你要何物？"这人说："我要——

上好良田千万顷；

娇妻美人个个贤；

满房金银花不尽；

安乐荣华寿百年！"

财神一听，说："啊——有这等好地方，还是让我自去，将这财神的位子让与你吧！"

这个小幽默，是讽刺那些好逸恶劳，贪心没尽的贪财奴。现实社会中这样的人可以说是屡见不鲜的。俗话说，人心不足蛇吞象。

人类为生存发展，追求财富是个共性问题。没有财富，人类一天也不能生存发展。但是，把金钱比作粪土的人也大有人在。

莎士比亚曾经诅咒金钱，他说："金子，金黄的，发光的，宝贵的金子！……这东西，只这一点点儿，就可以使黑的变成白的，丑的变成美的，错的变成对的，卑贱变成尊贵，老人变成少年，懦夫变成勇士。"言辞激烈，显示了莎士比亚的高尚幽默风格。

著名作家贾平凹说过，钱对于他来说，除了吃饱肚子，还有什么用处呢！只有书才是最宝贵的，不可一日不读书。

20世纪30年代的作家郁达夫，有次请朋友吃饭，付账时，郁达夫从鞋垫下抽出几张钱交给堂馆，朋友看见不解地问道："你怎么把钱藏在鞋子里，是不是怕被偷？"郁达夫幽默风趣地说："这东西过去一直压迫我，现在我也要压迫它。"

以上这几位知名人物，用幽默的语言贬低金钱，但他们却是财富的真正拥有者，因为他们个个具备幽默的高贵品质，不是吗？世界文学巨匠莎士比亚几乎没有一个国家不在销售他的作品，所积累的财富能够用计算机计算吗？显然不能。

## 幽默是智慧的大聚宝盆

幽默无时无刻不在折射出智慧之光，似乎是智慧的另一种表现形式。世界上许多名人都曾给幽默下过一些定义。他们各自从切身的体会出发，为后人认识幽默提供了契机。正如莎士比亚所说："幽默和风趣是智慧的闪现。"人们把幽默看作智慧的大聚宝盆。

人们在大量实践过程中，都证明了这样的道理：不懂得幽默的人是没有希望的，大智大勇者必善幽默。幽默的智慧可以使人们在失势的局面中反败为胜；在失利的情况下减少损失；在危急时刻出现转机；在走投无路时，看到柳暗花明的景色；在万般无奈时，急中生智……幽默需要智慧，智慧者必善幽默，幽默和智慧是孪生姊妹。

1959 年，尼克松以美国副总统身份访问苏联，在一次会谈中，赫鲁晓夫质问尼克松，美国国会为何在不久前，通过了一项敌视苏联的"关于被苏联支配和奴役国家"的决议。瞬间，会谈的气氛紧张起来。

赫鲁晓夫生气地说："美国的这项决议，是对苏联的严重挑衅。我想要知道的是，美国下一步是否就要发动战争。"

尼克松说："这项决议只是表达了我国的一些看法，并不是一项战斗号令，好了，我们接着谈其他问题吧。"

　　赫鲁晓夫又反问："我同意副总统的意见，我们不该来回总谈一个问题。不过，我还是要弄清楚，贵国国会为什么要在这样重要的国事访问前通过这么一项决议？"

　　赫鲁晓夫怒容满面，又喊叫了一阵，让翻译说："这项决议太臭了，臭得就像马刚拉的屎，没有什么东西比那玩意儿更臭了。"

　　如果尼克松说，你的言辞更臭，或者说，你们苏联的决议才像马粪一样臭，就显得缺乏力量，更显得缺乏政治家的才智。

　　尼克松想起了赫鲁晓夫年轻时当过猪倌，于是，他看着赫鲁晓夫的眼睛，平心静气幽默风趣地说："恐怕主席先生说得不完全，还有一样东西比马粪更臭，那就是猪粪。"

　　尼克松既避免了正面与赫鲁晓夫的冲突，同时也柔中有刚地回击了他。

　　马克·吐温成为著名作家之后，有不少文学爱好者写信向他求教成功的经验。其中，有一封信更是特别，是一名文学青年写来的。信中有这么一段内容：

　　"……听有关专家说，鱼骨含有大量磷质，而磷质是补大脑的，如要成为一个作家，肯定要吃许多鱼了。马克·吐温先生，您一定吃了许多鱼吧，是哪种鱼呢？"

　　马克·吐温不久就给他回了一封信：

　　"亲爱的青年朋友，照你的情况看来，你必须吃两条鲸鱼才行！"

　　马克·吐温的幽默真是叫人拍案叫绝，使我们真正感受到幽默的力量。下面是一段关于纪晓岚的幽默：

　　清代有名的才子纪晓岚，体态肥胖，特别怕热，一到夏天，就汗流浃背。因此，他和同僚们在朝廷值班时，常找个地方脱了衣服纳凉。

乾隆皇帝知道了，存心戏弄他们。这天，几个大臣正光着膀子聊天，乾隆突然从里边走出来，大伙儿急急忙忙找衣服往身上披。纪晓岚是近视眼，等看到皇上，已经来不及披衣服了，只好趴在地上，不敢动弹，连大气都不敢出。

乾隆坐了两个小时，既不走，也不说一句话。纪晓岚心里发慌，加上天热，一个劲儿流汗。半天听不见动静，他悄悄地问："老头子走了没有？"

这一下乾隆和各位大臣都笑了。皇上说："你如此无礼，说出这样轻薄的话，你给我解释清楚，有话讲则可以，没有话讲可就要杀头了。"

纪晓岚说："臣还没穿衣服，怎么回圣上的话呢？"

乾隆让太监给他穿上衣服，说："亏你知道跟我说话要穿衣服。别的不讲，我只问你'老头子'是怎么回事？"趁穿衣服的时间，纪晓岚已经想好了词儿。他十分恭敬地对皇上说："皇上万寿无疆，这不是'老'吗？您老人家顶天立地，是百姓之'头'哇！帝王以天为父，以地为母，对于天地来讲就是'子'。连在一起，就是'老头子'三个字。皇上，臣说的有错吗？"

说的都是好话，当然没错，于是，皇上很高兴。纪晓岚也松了一口气，心想：以后可不敢随便称呼皇上了。纪晓岚据理巧辩，能够自圆其说。本来是随便、轻视的一句话，被他解释成充满溢美之意的奉承话，使乾隆皇帝转怒为喜，自己也免了一场灾祸。真不愧是大学问家的智慧！

生活中巧用幽默智慧的事儿也屡见不鲜。

传说韩信七岁的时候，在街上玩，听到一家兄弟二人为一口井争吵不休。韩信问老二是怎么回事，老二说："老大阔，我穷，分家时这一口井归我们两家。现在我想把这半个卖给老大，可他觉得反正不能搬走，就不想买。"韩信一听，笑了笑说："这好办！你用秫秸把半个井围上当茅坑。"老大一听，只好花大价钱买下这口井。

爱迪生梦想成为企业家。然而，他当上工厂主不久，却遇到一个令他颇感头痛的问题：每天快下班时，工人们就没心思干活了，只不时盯住工厂的大钟看，等待下班时间的到来。

爱迪生对此很理解，没有任何指责，但他特地去定做了16个大钟，分别安装在工厂四周的墙上，然而，每个钟走的时间都不一样。如此一来，急于看钟下班的人便无所适从，只有等待全厂统一的下班铃声了。

这些纯属一些生活笑话，然而我们从中看到了幽默的真谛。两句幽默的话语，几段短小精悍的幽默小故事，或者一张令人发笑的幽默漫画，都可叫人顿生灵感，从困境中走出来，面前呈现出条条光明大道。

世人皆晓的美国第十六任总统亚伯拉罕·林肯，是美国历史上最著名的总统之一，同时也是最著名的幽默大师。他曾两次当选为美国总统，领导美国人民经过四年血战，使联邦走向了统一，宣布解放黑奴，分配西部土地，一生留下了不知多少惊天动地的英雄壮举，也给世界留下许多闪现着智慧之光的幽默佳话。

1860 年，林肯作为共和党的总统候选人，参加了竞选。他的对手民主党人道格拉斯是有钱有势的大富翁，竞选时，道格拉斯租用了豪华的竞选列车，组织了乐队，每到一站鸣礼炮 32 响。道格拉斯以为这样就可以获得民心，还十分得意地说："我要让林肯这个乡下佬闻闻我的贵族气味。"

林肯呢，没有专车，甚至要买票乘车，每到一处，朋友们仅为他准备一辆马车，他走到哪里，就跟选民们用幽默的话语，推心置腹地交流说："有人写信问我有多少财产。我有一个妻子和三个儿子，都是无价之宝。此外，还租有一间办公室，室内有一张桌子，三把椅子，墙角还有一个大书架，架上的书值得每人一看。我本人既穷又瘦，脸蛋很长，不会发福。我实在没有什么可依靠的，唯一可依靠的就是你们。"

道格拉斯虽然有很大排场，声势浩大，然而选民却深感与他之间有很大的距离。林肯运用自我解嘲的方法，嘲笑自己的状况、短处，把他与选民之间的心理距离缩短了。他夸大自己的窘迫处境，恰恰增强了自己的优势，显示了自己宽广的胸襟和幽默的风度，因此而获得了更大的尊敬，这是精神的解放，这需要超然物外的睿智和高人一筹的智慧。结果，林肯获胜，连任两届美国总统。

# 第三章

# 博学成就开心一刻

　　运用夸张的手法，将生活中一些合理的冲突极力夸大，大肆渲染，使其与原来的合理的因素产生极大差别，从而在极不合理处产生幽默。

　　让你的思维如梦幻般地发挥开去，便会找到幽默的方式了。

　　幽默由含蓄、委婉的方式组成，在这种简洁之中，构造新的喜剧效果。

# 歪曲经典的幽默

以众所周知的背景，重新改造经典，新旧对照，自有情趣。我国古代典籍特别多，并且多为文言文，与我们现在的口语相距甚远。但是我国古代的经典作品我们一定知道不少。熟读唐诗宋词的人更多，中国古典文学的名篇名句早已深深地融进了人们的心中，而且千百年来极其固定地沉淀在人们的意识中了，它不能有半点的误解，理解的稍微偏差，都会产生极不合适的感受。

歪曲经典式的幽默就利用众所周知的古代典籍或现当代的经典，把它们作为完整的背景，然后作出荒谬、歪曲的解释，新的理解产生的意义与旧义之间的反差越大，造成的幽默的效果就会越强烈。歪曲经典可以分为两种情况：一种情况是故意歪曲，即明知这样理解是对原文的一种误解，而故意这样曲解；另一种情况是望文生义，不理解原文，而以直接的表面的含意去理解经典，造成了笑语。

有人对孔子是这样理解的：

孔子是世界上第一个创办私人学校的人，而且也是第一个创办补习班的人，不是因材施教，而是由交钱的多少规定可以享受到的福利：

三十而立：交三十两的只能站着听课。

四十不惑：交四十两的可发问，直到你没有问题。

五十知天命：交五十两者可以知道明天小考的命题。

六十耳顺：能出得起此价格者，老师可以讲些你喜欢的话给你听，让你耳顺。

七十从心所欲：上课躺着坐着来不来由你。

看完这些解释，让人放声大笑，这些经典我们从小到大熟知于心，经这样解释后离题万里了。

这些幽默的产生实际上首先取决于对经典的熟悉的程度，必须彼此心领神会原文的含意，同时要善于发现哪些词语极易被误解，然后突出这些被误解的词。这需要我们在长期的读书活动中深深体会，同时也要大胆联想，去故意"误解"一些经典。

# 极力夸张的幽默

　　把生活中的细枝末节夸大或缩小，大肆渲染，引起极大的反差。夸张是文学创作中经常运用的一种修辞手法。我们都熟悉的一些名句，如"白发三千丈，缘愁似个长""飞流直下三千尺，疑是银河落九天"，这是李白丰富的想象力表现出的艺术意境。"问君能有几多愁，恰似一江春水向东流"，这是将抽象的、难以言明的感觉放大突出出来，将它合情却不太合理地借这种明确的、可感的形象描述出来。夸张更是现代艺术作品中经常用到的艺术手法。小品、相声中经常用到的许多幽默手法就是借助夸张来完成的。

　　所谓夸张式的幽默就是运用夸张的手法，将生活中一些合理的冲突极力夸大，大肆渲染，引起与原来的合理的因素产生极大差别，从而在极不合理处产生幽默。

　　冯梦龙是我国著名的文学家，他推动了我国通俗小说的发展。他编写的"三言"中有一个短篇故事，记载了大文豪苏东坡的一个幽默故事。

　　苏东坡有一个胞妹叫苏小妹，由于受家庭影响，从小也能识字作诗。苏东坡是个长形脸，苏小妹抓住了他这一特点，极力夸张，大胆想象，戏弄苏东坡说："去年一滴相思泪，今年方始到嘴边。"

或许是她看到了苏东坡的"墙里秋千，墙外佳人笑""多情却被无情恼"词句中所表现出的脉脉柔情吧。但苏东坡不愧是才思敏捷，他眉头一皱，词上心来，迎"头"痛击，苏小妹虽聪明，却是额头较高，每每也是怕人看见。苏东坡回敬说："香躯未到闺阁内，额角已列画堂前。"苏小妹听完生气地走了。

这兄妹二人作诗，令人捧腹大笑，但仔细分析就可以看出，他们都用了夸张渲染的手法。说他脸长却没有明确地指出，而说去年的相思泪，今年才流到口边，则自然可见他脸长到什么程度；说苏小妹人还未到，而额头早已伸到了堂前，则突出了她的额头很高。他们俩都抓住了对方的缺点，发挥他们极富创造力的想象，再加上极富文采的诗句，才创造出了这样含意隽永的幽默来。

古代有这样一个笑话：

有一个急性人，干什么事都没有耐心，有一天去吃饭，还没有进门便大喊大叫："快，快把面端上来。"

而店主碰巧也是一个急性子的人，他把面端上来后，也是大叫道："快吃，快吃。我要关门了！"

这个急性人回到了自己家里，生气地对妻子说："饭没吃好，我要气死了！"

他妻子一听这话，一言不发，赶快一边收拾东西，一边说："那我得赶紧改嫁！"他妻子改嫁的第二天，后夫写了一封休书要休了她，她生气地问为什么。后夫喊道："为什么还不给我生个孩子！"

这几个人，一个比一个性子急，这是他们的性格特征，通过这一连串的情节、通过夸张的手法极力突出他们的这个特点，便产生了幽默效果。

　　运用夸张式的幽默时，应注意首先抓住对方的特点，然后对这一特点进行大胆的想象，或者突出这一特点，将它取出后放大十倍、百倍，或者顺着这一特点而进行"似乎合理"的逻辑推理，从而产生强烈对比的效果。以上两则幽默恰好反映了这样的特点。

# 大智若愚的幽默

表面上"装疯卖傻"，而心中却是"明镜高悬"。常言说："聪明一世，糊涂一时"，我们在生活中常陷入无法自知的情况。宋代大文学家苏轼在《题西林壁》中说，"不识庐山真面目，只缘身在此山中"，也和我们常说的"当局者迷，旁观者清"是同一个道理。而在运用幽默的方式中我们却可以逆而行之：有时需要大智若愚，假装糊涂，将自己的真知灼见通过"痴言傻语"表现出来，抓住这"糊涂一时"，会收到极佳的幽默效果。

看下面的故事：

一名工人上班时间快要到了，他骑车从家出来后直接上了路的左边，速度飞快。恰巧那时人流很多，和迎面而来的一个青年重重地撞在了一起，青年被撞痛了，怒气冲天，大声骂道："××的，你长眼睛没有？骑车为什么不走右边？"面对发怒的青年，如果这名工人也是针锋相对，互不相让，那肯定是拳脚相加，打得鼻青脸肿了，但是工人答道："如果大家都走右边，那左边不是没有人啦？"

这句话，引得众人大笑，自然青年的怒气也烟消云散，大家化干戈为玉帛，一场"武斗"随着一句幽默也就被化解了。

假装糊涂式的幽默法要注意这几个方面：

第一，要明确知道自己所讲的内容，然后通过"痴言傻语""装疯卖傻"的话语讲出来。其实是表面胡言乱语，而实际高度机智，大智若愚，把自己的聪明才华隐藏在木讷呆痴的表象之中。

第二，要假戏真做，一本正经，虽然你所讲的如同疯话，但是却要以严肃认真的态度说出来，千万不要表现得如同白痴一样，那就会被人认为是真痴真傻了，而达不到强烈的效果，幽默感也受影响。

第三，要心照不宣。假装糊涂的语言后面，是真实的情况，这种情况需对方能理解，否则，同样达不到幽默效果。

假装糊涂式的幽默一般主要通过本人直接表述，以"我"为主动，开门见山，善意调侃，能帮你调节气氛或摆脱困境。

## 委婉拒绝的幽默

面对脉脉柔情，你怎能拒绝呢？选择幽默的方式既能达到自己的目的，又不伤害别人。爱情是人生永恒的主题，也是一首永远的赞歌。爱情完美的过程应是两情相悦，心心相印。但生活之中常常出现的却是一方火热，一方冷漠。直接拒绝显得太过残忍，可是如果避开正面，从侧面以幽默的方式回答，便会处理得圆满无缺。

有一位大学女生偷偷地爱上了教逻辑的男老师，快到期末的时候，她给老师递了一个条子，上面写道："有人问我这样一道逻辑题，我爱上了你，求证：你也会爱上我。这个题目我做不出来，所以想请您帮我解答一下。"老师见到条子，不想直接拒绝她。于是灵机一动，用幽默的方式给她写了一封回信。

证：能够爱别人的人应是好人。对于你来讲，我应是别人。你能够爱别人，说明你是好人。好人，人人都爱。既然你是好人，那么人人都爱你。这个人人当然包括我。所以，我也爱你。

老师的答案机智而灵巧，在回答之中，他幽默地用逻辑方式把原来的意思做了微妙的转变。将学生字里行间暗示的爱情的"爱"偷偷地转换成了博爱的"爱"。这样委婉而幽默地表达出了自己的真正意思，没有明确地拒绝别人，更没有引起不安和尴尬。

还有一次，一位女生爱上了一位男教师，当教室里只有他们两人时，这位女生含情脉脉地看着他的老师，问了一句："老师，如果你见到有人在课堂上写情书，你会怎么办呢？"

这位老师立刻明白了学生的意思，他马上幽默地讲了一个故事："我想我会马上去阻止她并让她好好学习的，因为我老师给我讲过一段他的经历。当他同我一样年轻的时候，也遇到了一位女同学的问题，问她能不能在课堂上照镜子，他没有劝阻。结果，这位女生不仅上课时当着他的面照镜子，而且还给他打了毛衣、毛裤、毛袜子。后来，他就有了一个只会打毛衣的太太，他很后悔，上课时对我严肃地说，记住，以后当了老师，一定要明确地回答这个问题。所以我现在回答你这个问题，就是不能写。"女学生听懂了老师所讲的幽默故事，笑着走开了。

委婉拒绝式的幽默一定要找到相对应的故事，将自己的意思和想法含蓄地藏在幽默之中，避免直白生硬地拒绝而引起不愉快。

## 漫天飞舞的幽默

漫天飞舞、发散思维式的幽默就是用语言将两件毫无关系的事生拉硬扯到一起，打破日常思维逻辑，从不合情理之中找出新的协调性，从而在这种别扭的谐调中产生出幽默来。发散思维式幽默常用的方式就是"漫天飞舞"式的逻辑加上形象的语言表现，把那些日常生活概念加以重新解释，以非正常的逻辑从另一个角度进行评说，它的评说是非科学但却更有意味的。《魔鬼辞典》就是用了这样的一种幽默方式，其对那些日常概念的解释既有新义而又恐怖。假如朋友拿你开玩笑，问你："一头牛加一头猪，结果是多少？"你一定会觉得难以回答，但是如果你换一种角度，从另一种模糊的概念出发则可以以幽默的方式回答他："一头牛加一头猪，等于你加上我。"这种回答虽不合常情，却合此理，即用另一种无法接受的答案回答他难以回答的问题。

下面就是一些绝妙的发散思维构成的幽默。

比基尼：男人们希望自己的老婆以外的所有女人都穿上的社交礼服。

天才：生前被别人嫉妒和迫害，死后被别人称赞和自比的人。

国库券：政府发的借条。不过信誉的确十分高，到期连本带利如数偿还。

嘴：一种多功能的器官，可吃牛排、抽555烟、喝人头马酒等。

白条子：农民用粮食养大的怪胎。一旦诞生在家里，农民对它爱也不是，恨也不是。

文凭：年轻人毕业分配的介绍信，由学校盖章，父母提供费用。

化妆品：一种化学武器，女人们用它专门进攻男人。

健美运动：这是一种折磨肌肉，白费力气的活动，它使女人变得像男人，使男人变得像超级青蛙。

由以上几个幽默的解释你可以发现它们的共同特征，都是用常见的形象，用诙谐语言，去解释这些日常生活中的概念。它紧紧地抓住了每个事物的本质，不是从严密的推论出发，而是从形象入手，以特征为中心，向四周进行发散式的思维，然后用一些形象化的语言把这些想象串联起来，达到了幽默的效果。

## 活学活用的幽默

　　没有将实质的东西学到心里，便不分时间、场合地运用就出现了幽默。人的一生，都是在不停地学习。这个学习包括两种形式：一种是学习文化知识，学生们每天坐在教室里听老师讲课；另一种则是在实践中学习，学习那些凡是不懂的技术技巧。学习的效果也可以分成两种：一种是潜移默化式的在起作用；另一种就是立竿见影式的在起作用——我们把这一种叫作活学活用。幽默技巧中也有一种方式叫作活学活用式的幽默。

　　活学活用式的幽默是指在学习别人的做法时，立刻理解并掌握别人的方法，然后将这种方法运用到自己的实践中来，当时学习，马上应用。当学到的方法用到别处时，由于时间、地点的转移而已不适用，这时就发生了矛盾。

　　活学活用式的幽默通常有这样两种方式：一种是将现在学到的方式用到别处去，由于"时逝世移"而不能适用，产生了歪解和扭曲，这种出奇的结果产生幽默感。另一种是属于那种以其人之道还治其人之身的幽默方式，即活学活用别人的理论再回过头去运用到别人身上，这样并没有发生多大的变化，但由于是用别人自身的逻辑去攻击他，会使对方陷入一种"哑巴吃黄连，有苦说不出"的尴尬，而取得一种以子之矛攻子之盾的效果，从而保护了自己，攻击了别人。

下面我们分别看两个例子。

教室里，一个中学英语老师正在讲怎样记住英语单词的技巧，同学们都静静地听着，整个教室安静极了。老师说道："……总而言之，只要你认真、诚心，如果把你见到的新的东西反复念10遍，它将一辈子归你所有。"

老师的语音未落，后排一位女生马上闭上了眼睛轻声地念开了："小明，小明……小明。"

原来小明是她男朋友的名字。

这里的活学活用就是没有分清场合，用旧的方式去套用新的方式，自然由于不合适生出了幽默。

一次，小王向邻居借了一笔钱，借钱的时候，说好一个月后归还。到了一个月后，邻居向他要钱，他故作惊讶地说："我没有借你的钱哪！"邻居看了看他说："您忘了吗？上个月的时候，你向我借的。"

小王故作惊讶地说："对，的确上个月我借了您的钱，但是，你应该知道，哲学上讲'一切皆流，一切皆变'。现在的我已不是上个月向您借钱的我了，您怎么叫现在的我为过去的我还钱呢？"

邻居气得一时无言以对，他回到家里，想了一会儿，拿了一根木棍，跑到小王家里狠狠地把小王痛打了一顿。小王抱着头气势汹汹地叫道："你打人了，我要到法庭去告你，等着瞧吧。"邻居放下木棍，笑嘻嘻地对小王说："你去告吧，你刚才不是说'一切皆流，一切皆变'吗？现在的我，早已不是刚才打你的我了，你确实要去告，就告刚才打你的那个我吧。"小王听了，无话可说，被暴打一顿，也只好自认倒霉了。

　　活学活用式的幽默同别的幽默技巧，如以谬还谬，仿造仿拟式的幽默有共通相似的地方，也有不同的地方。活学活用式的幽默关键的地方是要尽快学习掌握对方的方式方法，深刻地理解对方的意图。然后就是马上学以致用，将学到的方式方法尽快投入使用。在这一使用过程中，要注意应巧妙地置换条件，否则按照正常的方式去理解，则是没有幽默可讲了。幽默的力量只有突破常规才能显示出来。

# 一语惊人的幽默

所谓一语惊人式的幽默是指在经过多方渲染，多次铺垫之后，以一两句简单的语言总结，这一句话往往大大出乎人们的预料，产生了不可抵抗的幽默效果。一语惊人式的幽默是由这样几种要素组成的：在幽默的开始，往往要有一些交代背景的常识，通过这样几句话使对方明白所要表达的意思，这时大家都对这一事件的发生逻辑有了大致的了解，并且大致可以猜到事情发生的结果。但是在事件的最后，却并没有按它的本身逻辑发生，发展的突然逆转引起了人们出乎意料的惊奇，使人们在这种惊异之中与前面的原意进行对比，强烈的意外引起了人们的幽默感。

幽默要有耐人寻味的艺术形式，但幽默与诗歌比较起来，诗歌要反复吟诵，通过反复吟诵而体会它的构思和意味。而幽默则在欣赏第二遍时已感到没有了那份新奇感。究其原因，是由于幽默有一个由神秘莫测到明白此话的过程，它有一个"谜"藏在其中，一旦谜底被揭开，则会令人索然寡味。因而好的幽默、令人记忆犹新的幽默都是取决于它的巧妙的程度。下面这个小幽默所用的方式就是一语惊人式的幽默术。

"能告诉我，你为什么要从手术室跑出来吗？"医院负责人问一个万分紧张的病人。

"那位护士说：'勇敢点，阑尾炎手术其实很简单！'"

"难道这句话说得不对吗？她是在安慰你呀。"负责人笑着对病人说。

"啊，不，这句话是对那个准备给我动手术的大夫说的！"

这里我们按日常经验感觉护士那句话是用来安慰病人的，但是却不知道，在这里，这句话并没有按正常的理解去发展，而是出现了这种意料之外的结局。这种幽默通过病人一语惊人地说出了。

一对中年夫妇正准备上床睡觉，突然闻到一股烟味。丈夫从床上跳下来，跑到大厅察看，过了一会儿，他冲进卧室，大叫道："后院起火！"夫妇俩惊慌失措地穿过烟雾弥漫的过道向外跑去。丈夫看见妻子嘴上挂着许久未见的甜蜜微笑。"天哪！在这种时候，你有什么值得高兴的呢？"丈夫惊奇地问她。"我真的忍不住啊，5年以来，我们还是第一次一起出门啊！"

一语惊人式的幽默要注意必须忌"露"，幽默犹如谜语，不能过早地把幽默的成分泄露出来，我国当代艺术大师侯宝林总结说，"铺平垫稳之大忌是提前泄露天机"，"底"出现以前，一定要严守机密。其二忌"俗"，幽默如果没有新意只是重复别人过去的笑话，也不能给人以强烈的幽默感，只是让人感到似曾相识。

# 言外之意的幽默

意味无穷式的幽默是指构成幽默时双方的语言都特别含蓄、委婉，在这种含蓄委婉中出现了与环境不协调的地方，而引出了喜剧性的效果，产生了让人发笑的因素，这种因素是同周围的环境失衡而构成的。天空中的冷热气流相互冲撞而凝结成雨，同样，幽默也是一种复合性的情感，通常情况下总是由于语言描绘产生了期待、紧张感，而后在这种期待感之中静静地发生，直到最后出现了结果，引起人们的一种失落感。这时幽默也就产生了。情趣性也是幽默的特征之一，幽默不等于庸俗的笑话，更不是那种民间的粗俗的对骂，而是一种机智的表现，它要求有情趣性，在轻松、欢快、嘲弄之中伴随着浓烈而又独特的情趣。幽默之所以要有情趣，也是由它的根本本质决定的，从本质上讲，幽默是一种喜剧的特殊形式。它有更为强烈的乐观精神。意味无穷式的幽默就是在这种含蓄之中体现出的一种令人回味无穷的幽默形式。

一位编辑在翻阅诗稿。他问作者："这是怎么回事？你的诗只有三个字？"

"是的，但这是内容多么丰富的三个字呀！轰！轰！轰！"

"这是什么意思呢？"

"这是热核弹头的爆炸声。"

这位作者本来的意思可能是要意味深远地表达他的意思，但却是过分的简练，使人无法看懂了，他所想要表达的意思似乎与这几个字相距太远，而不能让人体味到他的这种手法。

主编把一位新来的青年记者叫来说："你听着：我们的报纸现在需要改版，你那些冗长的文章要改一改，务必尽量写得简洁一些，短小精悍，激动人心。""好！"记者回答。

不久，城里发生了一件意外事故，记者四处奔走，逐一探访，仔细地调查事故的原因，然后认认真真、工工整整地将实际情况写了篇调查报告，他觉得这次写得言简意赅，短小精悍了。然而，主编看了还是大发其火："怎么搞的，这算什么报道，写得这么长，简直是一篇中篇小说了。重新修改。"

记者回去后，又认真分析，仔细修改，把文章的篇幅缩小了一半，他觉得这次肯定不会再出什么问题了，就很自信地把文章交给了主编。但是主编看完后，还是说太长。记者很生气，便坐在桌旁，改了起来，过了一会儿，他拿出了稿纸，到主编面前，猛地朝桌子上一摔，这篇报告确实是名副其实的短文：

"著名演员划火柴照亮，汽车油箱起火，于星期四 11 时火化了。"

意味无穷式的幽默总少不了这样两个因素，首先即简洁。因为只有简洁才可能有更多的歧异，有了多种理解的可能，才会产生出误解，误解多才是幽默产生的根源。其次，要过分地简洁，即要超过简洁的这个尺度，如果只是简洁明快，还不能构成幽默，只有简洁到令人难以理解时，才会出现分歧，让人有一种"丈二和尚摸不着头脑"的感觉。在这种似是而非的感觉中，才能发出笑来。所以有时你就可以利用这种过分的简单来创造幽默。

## 将错就错的幽默

　　用对方的谬言引导出你自己的谬言。假如你遇到某人说出一个荒谬的论题，正面否定又似乎缺少反驳力，这时你不妨先假装肯定它，然后沿着他的错误论调推下去，推出另一个连对方自己也不能接受的荒谬结论，那么对方那个谬论也就不攻自破了。这种方法就属于将错就错，以谬导谬式的幽默。

　　宋朝时有一位假道学的僧人，整天到处宣扬不可杀生论，告诫人们凡事应忍耐，以慈悲为怀，理由是今生杀牛或猪，来世就变成牛或猪。一位旁观者对他说："你说得真是千真万确，的确如此，所以我们为了让自己来世再变成人，就最好是生前杀死一个人。"

　　这位假道学的僧人听了后哑口无言，狼狈而去。上例中的那位旁观者对僧人的错误结论并没有从正面进行、辩驳，而是避开锋芒，沿着错误的前提推出"为了让自己来世再变成人，就最好是生前杀死一个人"的荒谬推论，从而迫使对方逃之夭夭。

　　再如《善谑集》中记载的一则小故事。

　　三国时，先主刘备入主蜀地，为整顿社会治安，严肃法纪，下令禁止酿酒、喝酒，并且规定凡有酿具者皆杀。百姓对前者尚能接受，但对后者颇有微词。一日，大臣简雍陪伴先主登楼时，见一个少年与妇人同行，便对刘备说："那两人想要行奸事，何不将他们抓起来呢？"刘备一时不解，问："你凭啥知道？"简雍回答说："彼有淫具，何故不知？"刘备这才明白他的真实意图，乃大笑。不久之后，禁酒的法令有了明显的减缓。

故事中的简雍可谓聪明至极，面对刘备过于严苛的禁酒令，他没有从正面去争论是非，而是有意避其锋芒，通过将错就错、以谬导谬的幽默方法令刘备明白自己禁酒过于苛刻的错误做法，这便是简雍的聪明之处。

在运用这种方法的时候，所引申出来的谬论要求越荒谬越好，越荒谬幽默色彩越强烈。看一个古希腊的幽默小故事：

一场可怕的暴风雨过去后，一位大腹便便的暴发户对阿里斯庇普说："刚才我一点儿也没害怕，而你却吓得脸色苍白。你还是个哲学家，真不可思议。"阿里斯庇普回答说："这并不奇怪，我害怕，是因为想到希腊即将失去一位像我这样的哲学家……但是，你有什么可担心的呢？你如果淹死了，希腊最多也不过是损失了一个白痴！"

故事中，阿里斯庇普没有否认自己的害怕，他的聪明之处是在暴发户结论的基础上，另辟路径，为暴发户的结论作了一个更加幽默的解释，从而将暴发户的结论推上不打自败的境地。这种方法从表面上来看是荒谬的，但实际上通过智慧的转化，往往能够谬中求胜。从这一点来看，它一点儿也不荒谬，而且处处闪耀着智慧的灵光。

## 长短变说的幽默

打破语言习惯，追求新奇的语言结构。在日常交际中，语言幽默是一种不可或缺的表达思想、交流感情的工具。如果我们能够根据实际情景的变化，对语言作一些调整、改变的话，它就会源源不断地提供幽默的原料。长短变说便是改变语言的方法之一。

所谓长短变说幽默术就是根据特定情境的需要，把本该长说的话语用短话说，本该短说的话语用长话说，使话语变得含蓄幽默，从而引发人们心灵深处笑神经的活跃。

比如甄妮在大连演出时，对台下观众说："有一种运动，不知大连朋友是否喜欢，先举起你的左手，再举起你的右手，两只手来回……"她一边说一边用手示范鼓掌的动作。没等她说完，台下掌声四起。

甄妮的表演还未开始，观众就为她热烈鼓掌，主要是因为她用了长短变说的幽默方式将观众的情绪调动起来了。甄妮本来的意思就是希望大家多鼓掌，短短一句话就能表达。她却短话长说，对鼓掌作具体描述，使话语变得含蓄幽默，生动有趣，获得了台下观众的好感。

某女子向一位节目主持人提出了这样一个问题："一个女人要想婚姻持久，你认为什么是最重要的？""一个耐久的丈夫。"女主持人随口说出了一句。

　　那位女子提出的问题不是一两句话就能说清楚的，但又不能不回答，为了避免过多的纠缠，女主持人一句"一个耐久的丈夫"，既简洁又发人深省，可谓妙答。

　　无论是长话短说式幽默，还是短话长说式幽默，只要你细心体会，慢慢品尝，都会给你带来笑声与快乐。

# 第四章

# 笑口常开的幽默演讲

有一个最有效的视觉幽默：利用你的微笑。如果你在日常生活中，在演讲时，不利用微笑的话，就好像一个人有 100 万元存款在银行，却没有存折可以把这笔财富提出来用一样。

使你的听众带着悦然接纳的心情微笑。你在演讲的主要内容中所运用的幽默力量是会传染的，会扩散到你周围的生活和将来长远的一生。

幽默具有传染力，幽默可以把你的快乐传染给身边的每一个人，使我们的生活永远充满笑声。

# 自我介绍的幽默

每一个人都有上台讲话的机会，也许是在餐会、宴会上，也许是在教堂里、学校里、恳谈会上，以及其他社交聚会上。即使当时你不认为自己是个演说人，但是事后回想起来，你会想到自己确实上台讲过几次话，往前瞻望，你也会发现前面有更多的机会在公众面前讲话。

随着你的幽默力量的成长，你会发现自己愈来愈常应别人之请，对大家"讲几句话"。紧张吗？倒不必。只要好好地开口，好好地结尾，并使二者尽量接近。当然做起来并不这么简单，这里面的确蕴含着许多真理，使你的演讲深刻有力，倒也不必求永垂不朽，传之千代。

在一个会议上，听见主持人恭维刚才那位演讲人说："你比我们上次请来演讲的那位先生好多了。他讲了一个钟头，什么也没讲到。而你只花了15分钟，却有同样的效果。"

讲得长篇大论总比言之有物容易得多。许多人怕上台讲话，或许是没有把握自己的演讲能否成功。但是演讲其实也不那么艰难。

你也可以称之为研究计划，因为我们还一直在研究，在学习。很幸运，也能和别的演说人分享一些想法和建议。他们都是成就卓越的专家学者，以善于演讲而著名。他们的了解与批评都对我有益，深信他们在讲台上的经验故事，也会于你有益。

　　不论你是否常常在公众面前讲话，或者只是偶尔讲那么一次，我们在这里分享的，能使你实际发挥幽默力量，不仅在演讲中，也在日常生活中。当你还没站到讲台上以前，就应早早计划演讲，准备并练习。现在，我们就从头来谈。

　　如何介绍一个人上台讲话，也许不是最困难的，但也不容易。如果你有机会演讲，最好自己写介绍辞，或是请人帮你写好。在事前不登广告，不请人或司仪，或其他担任介绍播报的人来宣传。

　　否则你很可能被介绍为"伟大的'嗯'……"然后和主持人兴之所至讲的笑话、开场白等混在一起。

　　注意：如果你的名字比较特别，或者别人常常念错，那么就要运用幽默力量来让主持人知道。或者，你自己来，让听众知道你有姓名困扰，说个这一类的笑话。

　　"你叫什么名字？""得克。""哦，你是得克萨斯州来的。""不，我来自路易斯安纳州。""那么你为什么叫得克？""嗯，我宁可叫得克，总比叫作路易斯好。"

　　著名的演说家哈该对听众说："有这么一个奇怪的名字的确有好处，不过我还没发现好处在哪里。"

　　你自己写的介绍辞要简短明了，使主持人看起来方便，并建立你自己的真实性和可靠性。主持人会感激你帮他省下撰写介绍辞的时间，尤其是最有才能、最有声望的主持人。他愈有名气，就可能愈忙，当然也会愈高兴你帮他一个大忙。

　　和主持人建立好的关系，这也十分重要。

体育作家兼幽默家"疯"贝尔对政治家颇无好感，但是他也答应在餐会上介绍某个人物演讲。他说："我应邀来介绍这样一个人，因正直而受人尊敬，因人道而受爱戴，因勇敢而受钦佩。"

他以相同的语调继续说了一会儿，最后说："我应邀来介绍这样一个人，但是，我想他今晚不在这里。"

然后"疯"贝尔坐下来。

不要做个在主持人的夸奖中"不在场"的人！你为自己准备最有效的介绍辞，然后将介绍的成功完全归功于主持人，这样，你们俩都成功。

虽经细心准备，但是结果可能和你原先的计划迥异！这时就要用幽默力量来反应。弗吉尼亚州的演说家尤侯，诉说他经历的一次失败的介绍："我非使听众和我一起抱屈不可，因此我说：'我希望我能说这是一次最好的介绍，但是事实上不是。'"他又说："当好心的老查理问我在介绍中该说些什么时。我建议：'何不实话实说，就说我这个人很了不起又有魅力，或者就说我很谦虚！'"

"关于介绍我的最伟大的一次介绍辞，是在休斯敦的建筑会议上。那次会议是全世界最大的建筑师会议，总共有 5.3 万人参加，他们会听我讲吗？那次我希望得到最伟大的介绍，结果真的得到了。"

"是我自己做自我介绍！"

堪萨斯州的演说家兼作家麦法伦博士提供另一种方法，来处理趋于单调的介绍，就是开自己的玩笑。

他说："你知道会议的最后一天怎样啦？他们感谢出席的每一位委员，并对参加的代表说：'年轻人，我们到此结束。'然后又说：'现在，这位是麦法伦。'我那时的感觉，好比一个人在单行道上开车错了方向，心想'我一定是迟到了，别人都要回家了。'"

过于热情的介绍也会引起问题，麦法伦对付这种情况也是开自己的玩笑："他出卖我了！他本来向我保证你们能请到我，实在很幸运。"

当你要建立自己的方法来对别人的介绍有所反应，以帮助你和听众安定紧张的情绪时，你可以借用别人用过的话，稍加修改，成为你自己的话。

"我觉得好像一只熊，跌进蜂蜜桶里。我希望我的舌头能不辜负这场战争。"

"这篇演讲我已经练习了整个星期，觉得差不多背得滚瓜烂熟了。所以，如果你们坐在那里能够像一面浴室镜子，我们就能顺利进行。"

丘吉尔爵士说："只有两件事情比餐后的演讲更困难：一件是去爬一堵倒向你这一边的墙；另一件是去吻一个倒向另一边的女孩儿。"

对介绍辞很快反应，是需要一上台就抒发趣味的思想，这也是你演讲时从头到尾所需具备的能力。

## 即兴讲演的幽默

"即兴"在词典上的解释是，不假思索或随兴而起的说话或举动。但是有一句妙语却这样说："一个即兴的人就是指花了一整晚的时间去背偶发的笑话的人。"事实上你我听到的许多即兴之言，都是经过计划和准备的结果。幽默力量其实并不像表面上看来那样全凭一时偶发的灵感。

英国首相狄斯雷利，有一次演讲完毕，有个年轻人向他祝贺："你刚才真的讲了一篇很棒的即席演说！"

"年轻人，这篇即席演说我已经准备了20年！"他回答说。所以所谓的即兴之言，都是经过计划和准备的，计划并准备你的"即席"故事、你的"即兴"笑话。

大主教席恩说："我将不再为你祷告了。一个人总得有几件事自己来做。要自己擤鼻涕，自己去做爱，自己说祷词。"

创造即兴演说，也是要你自己做的。自己发挥并运用你的幽默力量，不是偶一为之，也不是只逢演讲时，而是在任何适当的机会都用。努力去做，不久，切题的思想、妙语和趣味短文，都会自自然然地从你的心思里跃出来，那时你就真的能够表现出自发的机智，在演说中，在日常生活上都赢得他人的尊重了。

伟大的即席演说家尤侯就是这样努力的，最后能够一上了台，自然妙语如珠，滚滚而来了。喜剧演员富兰克费伊，因在困难的情况下还能即兴表演而出名。

有一次在夜总会表演时，有一位听众故意发问责难他，最后大叫："啊！你这个混账！"

"这位先生，你小心一点！"费伊回答说，"你正说到我喜爱的人。"

当你突然心生有趣的灵感时，多半值得说出，而且一说再说。

善于即兴表演的费尔德，有一次在表演中，突然"砰"的一声落到地上。

费尔德马上解释："老鼠！"

这时观众尽情地大笑，以后费尔德的即兴妙言，在同样的表演中还经常出现。

让听众帮助你，使你让人听来有即兴之言。

在演讲开始之前，设法和听众打成一片，这时就需要发挥幽默力量。几句简单的谈话就能使你进入他们的思想和兴趣中。你要事先收集一些"即席"的笑话或趣闻、妙语；可以使你的演讲更为生动、有特色、合时宜。

你也不妨虚构一些。当听众包括各色人等时，演说家兼作家亚特·费提喜欢用这样的方法。

"我刚才在大厅里碰到一个朋友。"我对她说，"罗丽塔，你的结婚戒指戴错了手指。"

"'哦，'她回答说，'因为我嫁错郎了。'"

宾夕法尼亚州的记忆专家兼艺术家乔治·贝利，也有他的一套独特的方法与听众打成一片。他常常在会议或演说开始之前，向每一位来宾问候致意，包括——请问他们的大名。之后他就叫出他们每一个人的名字，付5美元给他忘了名字的来宾。

这种方法的确带来很大的效应，也是发挥幽默力量的一个实例。

当你愈了解你的听众和他们的遭遇、心情时，你也就愈能有效地以适当的方式来认同他们。维琴尼亚州的演说家兼作家、制片人波威尔，以他个人运用幽默力量的实例来说明这一点。在他的《行政演讲——学得的技巧》一书中，提到这个故事。

有一次，他被安排在一个保险公司总裁的早餐会上担任主要演讲人，这个早餐会是在每周日上午7点钟开。这位总裁精力充沛，他在前一天晚上举行晚宴，狂欢跳舞直到凌晨3点钟。对他来说，4个小时的睡眠已经太充分了。他想看看公司里的销售力量能否和他的精力旗鼓相当。

不巧当时旅馆里的热水系统发生故障。天快亮时，这批带着昨夜宿醉的好汉正准备梳洗，冲个热水澡，好强打精神应付今晨的早餐会。然而他们发现没有热水。早餐桌上，他们发现没有咖啡、红茶及其他需要热水的饮料。波威尔说，他当时面对的是一群"烦躁、不快乐、不舒服——而且快疯了"的听众。

利用他对当时情况和听众心情的了解，波威尔假装不知情地说他的开场白："我第一次看到，保险公司总裁在周末晚上开那样吵吵闹闹的狂欢会，但是似乎每一个人都吵不'热'！"听众的挫折感因此解决了，每个人都在笑自己的不悦以及场面的荒诞：简单得只有几个字的幽默力量，因为对准当时的情况而发，于是解除了大家郁积的情绪——造成听众在演讲中反应之热烈。

　　把自己放在波威尔的立场。至少，把你自己放在讲台上。已经有人介绍过你了。然后呢？你对介绍辞的立即反应，会把你带进演讲的开场白。把握好你的开始。

# 开口引人的幽默

你既然上了台，现在要做的，就是全神贯注于你的听众。下一步，就是要使这注意力持续到演讲完毕，虽然你的注意力有时会如蜂鸟一样在听众之间飞来飞去。

难吗？做得到的！亚利桑那州的森姆·杭特40年来，一直有办法抓住并保证听众的注意。他告诉我们，他是以"化幽默为力量"的方法做到的。他的幽默力量使他以虚构的情况产生很高的戏剧效果，又给人以真实的感觉。听众全被他吸引住了。

"刚才我冒充来宾坐在观众席上，"森姆向听众解释他上台的原因，"司仪不知何故突然挑上了我，要我代替今天的主讲人，因为他迟到了。我又惊又慌又怕。我尽力使他们相信我不知如何是好。然后我开口讲话，结结巴巴，语无伦次。

"听众也是又惊又慌。当时的情况很不安定，但也很有趣。听众都为我感到难过，并且愤愤不平，说司仪不该把我推入绝境。但是有趣的是从那以后，他们给我百分之百的注意力和支持——当我继续运用幽默力量时。"

森姆·杭特，人称"口吃的森姆"，以耍文字游戏出名，并且崇信幽默力量。他以相当独特的方式获得听众的注意力和了解。

如果你只在偶然的机会里非正式演讲一次，也许无须花很多时间磨炼你的演说才能，如森姆那样。但是这种才能一旦发挥出来，你将受用无穷。你可以利用它作为一股强大的力量，来赢得别人的尊敬，给人亲切的印象，使人易于接受你和你所表达的信息。

你的开场白可以有两种形式：一种是速成法，就是在一瞬间抓住听众的注意力。另一种是"慢工出细活"法，花几分钟时间让听众知道你想和他们分享什么。

不论哪一种方式，幽默力量都能帮助人顺利进入讲题。假设你要讨论的是有关教学上的问题，可以先说这样一则小故事。

得克萨斯州有一个小孩儿，一天从幼儿园跑回家里，对他母亲说他需要一把手枪、一个手枪皮套和一条枪带子。母亲问他要这些东西做什么用。他回答："因为老师说要教我们'拔枪'。"

运用幽默力量的开场白可以使你与听众建立成功的关系，可以持续到演讲终了的良好的关系。

休斯敦的一位演说家、作家兼演员约翰·渥尔夫说过："据我了解，幽默力量的一个重要目的，是让听众喜欢演讲人及其演讲。要是他们喜欢主讲人，必定会喜欢他所讲的内容！"

因此渥尔夫在演说时经常喜欢开自己的玩笑来表达意思。

在谈论时间的重要性时，他喜欢说："我还记得在二次大战时，他们给我们吃些小药片，好让我们不去想女孩子。现在我才发现那些药片正开始产生作用！"

渥尔夫发现下面这则小故事也适用于以时间为主题的演讲，尤其是听众包含各色人等的时候。

"人家告诉我，在我这年龄居然还保持着这等好身材，我把功劳全归于内人爱丽丝。25 年前我们结婚的时候，我告诉她："亲爱的，我们永远也不要吵架。每当你让我心烦的时候，我都不会跟你吵架。我只会到附近去走走。'

"因此你们现在看到的这副美妙身材，完全是 1/4 世纪以来每天做户外运动的结果！"

把幽默力量对准自己，用来表达你的意思，与别人建立成功的联系。

当主持人开巴特的玩笑，笑巴特的大家庭，说巴特和蓓蒂安养了 8 个孩子时，巴特或许会以和观众的对话来回答他的玩笑：

"听众之中谁有个大家庭？"巴特问。

有人回答："有，我们也有 8 个孩子。"

"好！请问你太太在哪一家精神病院？"

主持人的介绍和巴特的反应，都在训练听众准备好接受这样一个演讲人——以轻松的态度看他自己，以严肃的态度看他的工作。训练你的听众吧！

# 震撼听众的幽默

有一个理论主张幽默的最高形式是视觉，而非语言。我们相信人笑的不是"话语"本身，而是自己。有时候可以运用一点儿视觉效果，来帮助我们让听众知道——现在可以笑，没关系。当然也有一些可怜虫在听到令别人发笑的事情时，说："我倒看不出有什么好笑！"对别人所表达的意思也无法领会。

有两个人去看著名哑剧演员马塞斯的表演。

其中一个人对另一人说："你知道，如果那家伙能开口说话，一定会有趣得多。"

我们多年来一直得视觉之助，利用"视觉的笑"来获得有效的结果。当劳伦斯的小说《查泰莱夫人的情人》出版时，我们终于找到这样一本打开即自燃的书。今天你要试的话，这种书多的是。

还有的时候我们可以说："我要说的有7点。"然后举起一双手比出7个手指头。当然，至少有两个是假的。此外，还为了使"忍耐持久"的意义更加戏剧化，会当场点燃一根不灭的蜡烛。

你利用视觉的笑话可以从听众中得到额外的收获。你拿些什么具体的东西，只要是和幽默的观点有关的东西，给听众看。

"各位先生，各位女士，几天前我在芝加哥很荣幸能为一家大饭店的员工俱乐部演讲——那是什么大饭店？等等，我这里有。"

于是你把手伸进外套口袋里，摸出一把银匙，拿起来"读"，"哦，是希尔顿大饭店！"或者"财神大酒店"也未尝不可！

注意：当你要将景象和声音融合在一个笑话中时，尽量使用一些出人意料并富于机智的东西，要让在场的每一位都能看见你的"锦囊妙计"！

锦囊妙计能使当时的气氛轻松愉快，并且产生很好的效果。另外，还可以用彩色幻灯片来加强幽默力量，并在放映中以录音来说明图片。这些工具帮助你成为一个"教娱家"。图片中大多是常见的现象，以迎合听众的需要和目的。

例如，李斯特曾用过一张图片，题目是"一个想法的生命史"，从上到下排着 5 个灯泡——由明亮转为暗淡，终至熄灭。每一个灯泡亮时可以看到上面的字，依次为"办不到""行不通""花费太大""持续不了""我本来就知道"。

听起来很熟悉？但这不是笑话。

如果不用幻灯片，你也可以用简单而有效的方式来使幽默力量产生视觉效果。例如，把一本漫画书附在一张统计图表上，而图表贴在墙上。或者更简单，只消把一本漫画书高高举起。

你要说这本漫画书怎样？"现在科学只落后于漫画书 50 年。"当你带着感情讲这句话的时候，你表达的信息可能是："我们对科学或科技期望太多。"或者正好相反："我们有必要扩展科学目标的范围。"

奈德去参加大学里的一次会议，他原不打算在会议中讲话，更没想到要坐在台上。但是他出席会议的消息传出后，在校园里便引起一阵骚动。

主要节目开始之前，一位钢琴家上去弹了几个音，使听众情绪安定下来。他走到台上，在钢琴前面坐下来。然后他缓缓地、小心地，假装扣好身上的安全带！

记住，要让每个人都看见了。你的姿势、身体的动作，就是最佳的视觉帮助，很简单的姿势都可能制造视觉幽默。下面是李斯特用过的一些例子：

"他是个无神论者，甚至连穿过十字路口都不愿。"

李斯特说这话的时候，画了一个"十字架"。

注意：动作不要太夸张！除了极少数特殊情况之外，演讲人身体动作太夸张的话，很快就会吸引听众光注意看他的动作，而忽略了听他讲话。

有一个小孩儿初次在学校里演讲，要求他的同学注意看他、听他、批评他。演讲完了之后，有一个同学批评他说："我喜欢你讲话的方式，但是我不喜欢你的动作！"

"什么动作？"演讲人问。

"就是害了荨麻疹，全身发痒啊！"

姿势及其他身体动作都可能招致误解。

但是有一种动作能帮助你沟通你的幽默力量。口说的幽默常常会绊倒在"他说，她说"的障碍里。因此，不妨把头从这里转到那边，表示人物的变换。避免用"他说，她说"！在对话中插个人名或称呼，会使听众更清楚说话的人物。例如：

"医生，我现在正好没钱，但是我会在遗嘱中提到你。"

"没关系！哦，你可以把处方笺还给我一下吗？我想有个地方要改改。"

有的演讲人喜欢用另一种方法，颇能收到视觉效果。也许你想借用到你的开场白中。

"在我没有开始讲之前，想用一点点时间，来看看在座的哪几位是我认得的。"

于是你眯起眼睛，扫视全场——偶尔让你的眼睛一亮，好似看到某个熟人，并向他挥手致意。

还有一个最有效的视觉幽默。

利用你的微笑。如果你在日常生活中，在演讲时，不利用微笑的话，就好像一个人有 100 万元存款在银行，却没有存折可以把这笔财富提出来用一样。

## 控制听众的幽默

当你以幽默力量来帮助演讲的起头，你就抓住了听众的注意力，造成气氛松弛或紧张，并建立你与听众之间的友好关系。当你渐渐进入演讲的主题时，还需要继续你先前的努力。

因为人的注意广度很短暂，尤其当演讲人以单调低沉的语调，在某一个主题上平淡而谈时，听众更易感到很乏味，而分散注意力。有人称这样的演讲人说："当他演讲完毕，全场一下子苏醒过来。"

在一次似乎没完没了的演讲中，听众之间有一个人站起来离开了。

他的妻子急得跳起来，说："请原谅我先生，他有梦游的毛病。"

连演讲人都笑了。

再次抓住听众的注意力！改变一下话题，或者改变讲话的方式，以一则笑话或一句妙语给予听众幽默力量。

假设你在谈到有关季节性的话题时，可以这样说："月圆的时候，犯罪率升高。这很容易理解，因为强盗、小偷在这时候看得比较清楚。"

或者当你谈到人与人之间的关系时，以一两句幽默的穿插拉回听众的注意力："当今这世界上并非充满了爱。如果你在街上看到两个人手挽着手，很可能其中一个是强盗。"

你可能正为某种理由筹募基金，于是在演讲中你可以引用一段牧师对教友讲的话："我常在讲道中说，我们教会十分欢迎穷人。从最近几个主日的奉献金额看起来，穷人终于来到我们教会了。"

抓住听众，让他们一直听你讲，简短的幽默可以给你力量。

谈的如果是推销术，你可以说某人"是一个很不错的推销员，他终于能使那位年轻漂亮的招待员点头，他是问她今晚是否很忙"。

如果你说个笑话，只为了引人发笑，那么听众的注意力很可能随着笑声的落下而移开。不要插入不相干的幽默。幽默要和当时的话题有关，使它成为你的信息的一部分，使它成为幽默力量！

当你谈的是如何激励他人时，可以把下面这一则故事插入演讲中。

杰克受聘为一家制造公司的生产部经理，他引进一些增加生产的新观念。于是在他加入公司的3个月内，产量增加30%。杰克再引进其他新观念，以后几个月内产量又增加10%。

老板很高兴，拍拍杰克的背说："你干得真好，继续努力，表现得更好。"

"好，"杰克说，"但是你为什么不把这话放在我的薪水袋里？"

"一定！"老板说，他真的遵守了诺言。

当下个月杰克领到薪水袋时，发现里面附着一张字条："你干得真好！继续努力，表现得更好！"

如果你演讲的题目是和沟通有关，那么可以讲下面这一则故事来强化你要表达的信息。

葛力半夜里打电话给医生："请你赶快来！我太太病得很严重，我猜想她是得了盲肠炎。"

"葛力，你疯了啊！"医生回答说，"六七年前我亲自为你太太割掉了盲肠。你可听说一个女人有第二个盲肠的？"

"没听过，"葛力说，"但是难道你没听说一个男人有第二个太太？"

如果你在台上做政治演讲，不论是发表政见还是其他选举活动，也可以使幽默力量成为你发表的信息的一部分。

三个年轻人从水里救起一个政客。他很感激他们，问他们需要他帮什么忙以回报救命之恩。

第一个说：我希望进入西点军校，但是我的成绩不理想。

政客：没问题，你会进的。

第二个说：我申请进入安那波利大学被拒。

政客：不用担心，你也会进的。

第三个说：我希望被埋在阿灵顿国家公墓。

政客：公墓？为什么？

第三个回答：如果我父亲知道我帮忙救了你，他会把我杀掉。

也许你有机会在子女学校的恳谈会或家长会中，对其他家长演讲，下面这一则故事也许用得着。

有一个40岁开外的中年妇女知道自己怀孕了，很是烦恼。

医生安慰她："你的身体健康情况很好，不会有什么问题的。"

妇人说："我担心的倒不是这个，我只是想到我怎能再多忍受12年的家长会。"

　　不论演讲还是生活，幽默力量都能帮助你处理困难的话题和情况。当你想表达的信息是别人不希望听到的，可能是涉及痛苦的事实，或者需要他们做较大的牺牲，或者要他们面对一些个人或社会的问题，这时幽默力量都能发挥它的效用。它能给你力量，使听众免于受到痛苦情绪的威胁，解除他们对禁忌话题所产生的不安和紧张。

　　事实上有些话题太严肃了，最好运用幽默力量来缓和气氛并达到目的。假如你演讲的目的是筹募一项医药基金，或为医院的扩充和更新设备而募捐，那么你可能必须谈到人人忌讳的死亡问题或致命的严重疾病。当然你要避免在这样严肃的话题上嬉笑打诨。但是你可说一则逸事或趣闻来减轻听众的情绪压力，如谈到一则大家熟悉的故事：

　　美国哲学家梭罗临终的时候，他的一个姑母在病榻前问他："你和上帝之间已经达成和平了吗？"

　　梭罗回答道："我倒不知道我们之间吵过架。"

　　以幽默力量来解决困难的情况。用这力量造成一种心态和氛围，使听众置身其中时，能放松他们的忌讳，舒展他们的情绪。

　　有一个人打电话给医生说："我太太的下颚骨刚刚脱臼了。如果你在本周或下周到这儿附近出诊，麻烦你来一下，晚几天也没有关系。"

　　还有一个小学一年级的老师，把她的晨间出席簿送到校长室时，附了一张字条："救命！今早他们全部来了！"

　　你以幽默力量来建立谈困难话题的信誉。当你谈到某些重要而敏感的话题时，你会引起听众对某人、某种想法或某机构、制度的情绪。务必小心，不要引起太激烈或太深切的情绪，要避免对太敏感的话题说笑话。

你的基本信誉包括笑谈自己。伟大的幽默家常以趣味的方式表现人的基本冲动，他们坦承自己有这样的欲望，显露出我们欲加掩盖或克制的事情，向我们证明他能笑谈自己。

钢琴家、演员兼幽默家李凡特，选择了"古怪的守财奴"作为他的角色。

他说："我没有什么敌人，但是我的每一个朋友都恨我。"

他又说："我不喜欢喝酒，酒使我觉得不舒畅。"

你以承认自己有这些不甚高雅的冲动来笑谈自己，往这方向你希望走得多远，完全取决于你个人的感觉，只要不带给自己不舒服的感觉。我建议这样的原则：让你自己成为开玩笑的对象，但是不要流于丑角。切记善待你自己。

在演讲进行中，听众产生的问题大约可归纳成三种形式。不论是哪一种，受到困扰的都是我们！

（1）我们的幽默用得不当，失去力量，掌握不住听众的注意力。

（2）机械或物理环境因素的打断，如电灯熄灭，放映机不运转等。

（3）听众之中有人不小心或故意打断。

依我个人经验，如果激励他人时，以幽默力量来处理这些情况，就不至于造成困扰。下面就三种情况分别来说明。

当幽默运用不当，或者插入得太突兀时，都会失效。或者当我们不了解听众时，幽默也会失灵。

我们从实际经验中学习。当我们把这一点儿幽默试过一两次，如果还是不起作用，最好的方法就是下次演讲时不再用它。

当你所用的幽默失败，在这尴尬的时刻，要能自我解嘲，可以这样说："这个笑话的奥妙之处，得出动联邦调查局来发现。"你以这句话笑自己并和听众一起笑。或者："我们来谈一个条件，如果你们听了这故事就笑，我便答应从此不再讲它。"或者："在我没讲更多的笑话之前，我有一个主意，如果你听了这个笑话就笑，我便免费奉送 5 个笑话。"

我们称这类妙语为"救星"。"救星"不仅能帮助你应付讲台上的情况，而且对生活中任何尴尬或困窘的场面均有解围的效果。

例如：乔治·波恩斯就曾以这类解围的句子来开自己年龄的玩笑，有人问他，为什么老是和比他年轻许多的女孩儿约会，他回答说："在我这年龄，除此之外我还有别的选择吗？"

当你在演讲中需要有什么"救星"来帮助你，不妨试试下面这些：

"我知道你就在那里，因为我听得到你的呼吸声。"

"你觉得我讲得太快了吗？"

或者当你看见听众之中某人正对邻座耳语时，你说："为什么你不回家后再解释给他听？"

"这些都不是世界上最伟大的幽默范例，"亚特·费提说，"也不算什么惊世骇俗的语句。它们只是在前一则笑话趋于单调平淡之时，为你解围而已。笑是听众为你的演讲所付出的，你能帮助他们付出。"

他提供这样一句："近来你们有时有幸请到一个好的演讲人，有时不幸请到糟的演讲人。今天你们享有双重的待遇，因为我太太说我这个人既好又糟。"

任何琐碎的问题和意外的事件，都可以一句解围话来化解："这场面很难应付，好像手上抓了一把大衣架子，却不知从哪儿挂起。"

对一群不易应付的听众演讲完后，听众之中有人问演讲人："你把他们杀掉了吗？"

演讲人回答："没有，我到达的时候，他们已经死了。"

是的，有时听众很不好应付！每一位听众都不同，每一种情况也都不同。无法控制的情况可能造成难缠甚至敌视的态度。为了扭转这种态度，必须以和善、有礼、愉快的姿态去面对，不论发生什么情况。切记幽默力量能帮助我们消除听众的紧张情绪。

李斯特发誓要使每一位听众都成为好听众。如果中途有人打断，李斯特总是利用当时的情况来说句解围话。比如，李斯特会问打断的人："先生，请问贵姓？"如果他回答的是一个罕有的姓氏，李斯特再问："那是你的真实姓名，还是你捏造的？"

然后李斯特就向这个人开玩笑，尽量使他觉得自在。李斯特之所以这样做，是基于大多数人宁可被开玩笑，也不愿被人忽视，并且每个人都希望被包容，而不愿遭受排斥。最大的侮辱，莫过于被忽视。

演说家麦法伦有时会在演讲结束后，让听众提出问题。偶尔会有一个人挤到前面来，说是要问问题，其实是想发表一通演说。这种人会滔滔不绝地讲了 5 分钟还不罢休。

当这人终于为他的长篇大论做了结语时，麦法伦会问他："是不是可以请你把问题重复一遍？"这样一句解围话每次都使听众爆出一阵笑声，就这样使一件不太愉快的打岔溜过去，程序继续顺利进行。

我们也可能因为意外事件而"打断"自己的演讲。演说家尤侯曾经向我们举例说明这种情况的发生及其处理。假设他正在北卡罗来纳州为市场销售及管理人员演讲。

大约讲了 20 分钟，他开始谈到销售人员的沟通问题。

"顾客很少给我们是或否的明确答案。"他说，"我们问的话使他无法说是，也无法说不。由于我们害怕会遭到顾客的拒绝，因此说的话便容易得到这类反应，如'我再考虑看看'，或者'我决定了再通知你'等。"

他在演讲中一直对着某一个听众讲，因为这人给他很好的反应和支持。他把麦克风交给这个人问他："先生，你的顾客常给你是或否的肯定答复吗？"

听众中爆出一阵大笑。尤侯不理会，以为听众可能在笑他身体的动作或什么的。他又重复问题："你的顾客是否常对你的推销回答要或不要？"

但笑声更响了。"那时我才发觉有什么事不对劲，"尤侯说，"于是我问那位听众：'先生，请问您是干什么的？'"

原来他是销售协会的领导人，并拥有 6 家工厂。

尤侯对我们说："当时我说：'我死的时候，你不要把我埋了。

我要火葬，把我的骨灰放进电动孵蛋器里，我就可以继续在这里演讲。'"

让幽默力量来强化你的信息，充实并鼓舞你的演讲。然后，考虑……

有人说，有的演说家需要知道如何结束演讲，甚于知道如何起头。每一个演讲的人，包括你我，都需要有效的结尾。开头和结尾是你演讲中的两大重要部分。

此外还有两则不变的定理。

不要告诉听众你的演讲现在要结束了。尽量避免提到"现在来做个总结"。也不要以身体的动作来表示你的演讲已近尾声，否则会使听众开始帮你计时，算计还有多久结束，而不会专心听你演讲。

使听众有意犹未尽之感。当你的演讲简短、有力、切题，并以幽默力量来使它更活泼生动，结束得也很好时，那么听众会有意犹未尽之感。

你该让他们"笑声缭绕"吗？并不一定。有的演讲需要高度严肃、高度戏剧的结尾，有的则需要以简短的幽默来结束。具体的做法如何，完全决定于你的演讲要传达的信息是什么，会议的性质如何，听众的组成，甚至还要看演讲是在一天之中的什么时候举行的。

当你演讲的场合是宴会或其他联谊性的餐会，当你的演讲是在一天快结束的时候举行，都可以用幽默力量来结尾，当然还要和你讲的主题有关。用幽默力量来消除听众一天的疲劳，使其精神得到清新的鼓舞。

"今天我是最后一个演讲人了，所以我们现在可以轻松一下。"

"今晚我吃了那么多鸡肉，我想我是要回去栖息了，不是回去睡觉。"

大多数情况下，你在演讲结束前不要勉强自己笑，结尾时会更有效，最好试试唤起听众对你会心的一笑。以温和的幽默力量来诉说一个事实，或表达一句妙语，或者对听众的一声祝福，都会收到莫大的效果。

"时光飞逝。但是记住，你就是领航员！"

"如果你看昨日所为，仍然觉得大有成就，那么你今天便一无所成！"

"不教你的子孙工作，无异于教他们偷窃。"

使你的听众带着悦然接纳的心情微笑。你在演讲的主要内容中所运用的幽默力量是会传染的，会扩散到你周围的生活和将来长远的一生。

# 演讲艺术的幽默

以热切的语调、真实的细节和充满戏剧性的情节引出你的幽默力量，在关键的那句话说出之前，不妨制造一点悬疑。但是这时也可能发生令人扫兴的事情，就是演讲人迫不及待地要把妙语趣事说出来。他太急于要引听众发笑，于是过早地让人知道有趣的事将要发生。笑话要想发挥趣味的效果，一定要让听众有出乎意料的感觉。

如果演讲人的笑话失败，那么极有可能是他开始得不当。好好开始讲你的笑话、妙语或警句，不要操之过急，过早泄露天机！

先把听众引向错误的想法。不要先泄露了惊奇，不要预期故事有合理的结局。

讲故事之前不要说："我现在要讲一个失业的笑话。"要直接把故事讲出来。

"爱情可以解决失业问题。

"何以见得？

"把所有的男人都放在一个岛上，所有的女人都放在另一个岛上。

"这样又如何能帮助解决——哦，我明白了。这一来，每个人都开始忙着造船，失业问题不就解决啦？"

讲话的时候，要慢慢讲，使听众对结果有错误的预期——但也不能太慢，慢到使听众忘了他想的是什么，或过早看出意外的结果。

"他说他正注意自己在喝酒。"（停顿）"他只是到有镜子的酒吧喝酒。"

有一位太太到派出所去报告丈夫失踪："他身材矮小，瘦瘦的，秃头，戴假牙。"（停顿）"其实早在他失踪以前，他身上的东西大半已经不见了。"

当你以讲话来说笑话时，你的停顿、姿势、语调等都是文字幽默的逗点、问号等标点符号。对重要的、关键的字眼要加重，以强化笑话的效果，在重要的语句说完之后要停顿一下，以加深别人对它的印象。

天底下没有百发百中的笑话，也没有"保证令你大笑"的。但是如果你妥当地编织故事，不要太早泄露天机，那么你的幽默力量就会得到较好的反应。当你讲完整个故事，要停顿一下，不要急着进入下一个故事或另一个趣点，让听众有机会接受你的幽默力量。停顿一下，让他们笑。

当你讲笑话时，讲得多慢才算太慢，多快才算太快？职业的喜剧演员花了好几个钟头的时间来找这个答案。他们努力于调整时间问题，使他们对时间的控制恰到好处。

基本上，时间问题正是我们刚才谈的——有效使用节奏、停顿以及语调的抑扬，来表达含意并加强信息。我们没有必要和职业喜剧演员一争长短，也不必要求自己和他们相当，但是你可以从电视、广播或其他场合看到他们的表演，向他们学习时间的控制。

谐星鲍伯·霍普认为时间控制得当，是他的优点之一。"有时我有一般的题材，有的时候我有很棒的题材。"他解释说，"但是我知道如何以时间的控制，来使普通的好笑话听起来变成很棒的笑话。"

"我先写下一行，然后把它盖起来，再很快进到下一行。但是你得先让听众知道这是一种机智游戏，如果他们不睁大眼睛赶快看，也许就会错过这精彩的部分了——好像看棒球赛时错过一个精彩的球一样。"

例如对某一个听众说："你能说出摩西带进方舟里的动物的三种名称吗？"多数人会忽略造方舟的不是摩西而是挪亚！也就是说，他们忽略了关键所在——只要你不事先预告幽默。

开车的人鸣喇叭，是要告诉别人有车子来了。演讲的人如果在讲笑话之前，也像鸣喇叭似的，预告"我要讲笑话喽！"或"好笑的就要来了！"就会使他的幽默力量威力大减。不要告诉听众什么要来了。

声响最大而且也最不受欢迎的幽默预告，就是在说笑话之前、之中或之后笑自己的笑话。我们都听到过这样的演讲人，甚至是职业喜剧演员，过于预告自己的"幽默"，以致笑话被他的大笑声吞噬了。最理想的情况是听笑话的人笑，而讲笑话的人不笑。

过于夸张的姿势，故作趣味的语调和表情动作，都是赶在前头预告幽默。这种情形，十次有九次不能达到幽默效果。一本正经的面孔和"引君入瓮"的纯熟技巧，是发挥幽默力量更好的途径。

注意时间，注意听众。特别是当你已经有过几次演讲的经验，你就可以从听众的表情和反应，来看看你讲话是讲得太慢还是太快，然后作适度的调整。当然还是一句老话：多练习！

借录音机之助来练习讲笑话，并把它适当地编入演讲中。这样的练习强过对着浴室镜子讲话。

当你把录音放出来听时，可能会忍不住要笑自己。在这个电气化的时代，你很可能听过录音机中传出来的自己的声音，但是你可曾仔细去听？注意听你自己在录音带上的声音，因为那就是别人耳中的你的声音。听了以后再说、再录、再听，直到你改进了整个演讲的缺点。

简短的幽默是最难发挥力量的。你可以对着录音机说几则妙语或笑话，然后再琢磨自己。

"他太胖了，如果你跟他一起进电梯，八成会下到底层去。"

"我正开着电视看足球时，我太太爬到梯子上刷油漆。她对我说：'亲爱的，要是我从这梯子上跌下来，你会在上半场休息时去叫救护车吗？'"

当你演讲次数愈来愈多时，大家就会给你取个别号。务必使人给你一个你所喜欢的别号！于是你就要先树立自己的标志。这个标志必须是有关你或你所表达的信息的。

假设你有了属于自己的标志、讲题，以及充满幽默力量的演说内容，一夕之间，你变得常常应邀站在台上演讲，那么这以后会怎样呢？也许你会立志成为一个专业的演说家。欢迎！李斯特的演讲生涯差不多就是这样开始的。李斯特还在诺特丹大学担任教职的时候，就已经慢慢走上演说这条路了。

今天这个社会，演讲的机会愈来愈多了，参与演讲的人也愈来愈多。更多地开始把对人演讲作为生活的一部分。

不论你是专业的演说家，还是只是偶尔演讲，或是从来没有在大家面前讲话（不太可能吧），都可以努力去创造、发展并运用你的幽默力量。多方面寻求策略来帮助幽默力量成长，你的生活当获益无穷。